平成26年度 教育研究公開シンポジウム

土曜日の教育活動とボランティア

2014 PUBLIC SYMPOSIUM ON EDUCATIONAL RESEARCH

国立教育政策研究所
社会教育実践研究センター 編

土曜日の教育活動とボランティア

目次

シンポジウム編

資料編

協力：文部科学省、上野の山文化ゾーン連絡協議会

1

シンポジウム編

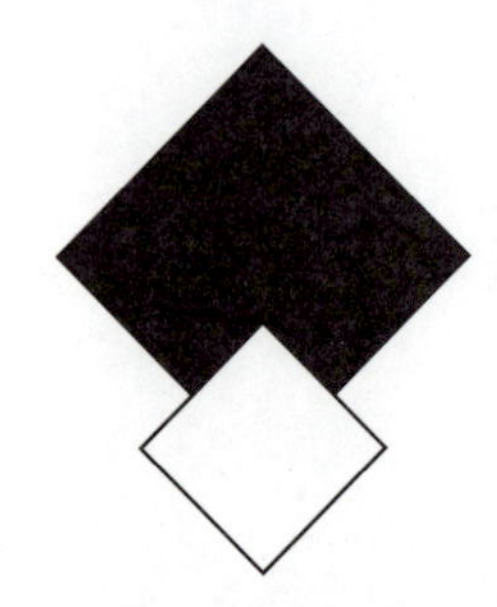

開会挨拶

国立教育政策研究所所長

大槻（おおつき） 達也（たつや） 氏

こんにちは。国立教育政策研究所の所長をしております大槻です。本日は、研究所の本体とは離れた上野の社会教育実践研究センターで開会をさせていただきます。この社会教育実践研究センターは、ボランティア関係、特に東日本大震災を一つのきっかけとして更に拡充をし、様々な研究に取り組んできています。

平成 23（2011）年度におきましては、地域における NPO 活動やボランティア活動等の実態に関する調査研究、平成 24（2012）年度には、企業とボランティア活動に関する調査研究を実施しました。震災の関係では、被災地の復興支援に携わり、困難な状況の中で未来を担う子供たちのために体験活動や学校教育の支援に活発に取り組む事例等の調査を実施してきました。被災地以外でも少子高齢化等の子供をめぐる社会状況の変化の中で、放課後や休日における子供たちの体験格差が広がりつつあり、地域の様々な人材とのネットワークにより、社会総がかりで子供たちの教育環境を豊かにしていく、そして生きる力を育むことが重要になってきています。

平成 25（2013）年の 6 月には第 2 期の教育振興基本計画が閣議決定され、その中においても、絆（きずな）づくりと活力あるコミュニティの形成が挙げられています。社会全体で学校や子供たちの活動を支援する取組を推進していくこととされ、それを受け去年の 11 月には学校教育法施行規則の一部改正も行われました。地域の企業、NPO との連携による土曜日の教育活動の充実が求められており、文科省においても、土曜日の子供たちの環境改善の実現に向けて、地域や企業の協力を得て、土曜日の教育活動推進プロジェクトを推進しているところです。

こうした中、今年度の教育研究公開シンポジウムは、「土曜日の教育活動とボランティア」をテーマとして開催をさせていただくことになりました。本日、コーディネーターを務めていただきます興梠先生は、私どもが長くボランティア関係で御指導、御協力を頂き、また、御登壇いただく山田さん、平岩さん、五十嵐さんは、北海道や東北の地域等々で様々な活動をされている方々で、大変理想的な登壇者を得ることができたというふうに思っています。このシンポジウムをきっかけに土曜日の教育活動をはじめ社会全体で学校や子供たちの活動を支援する取組が広まっていくこと、活発に行われることを期待し開会の御挨拶とさせていただきます。どうぞよろしくお願いいたします。

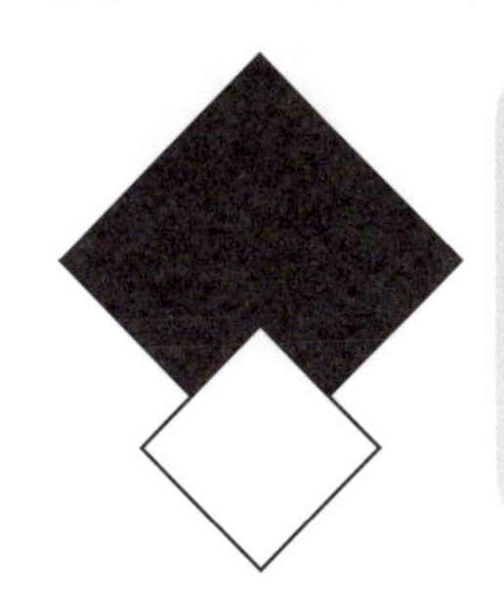

文部科学省大臣官房審議官

徳田（とくだ）　正一（まさかず）　氏

文部科学省の徳田です。本日は、このようにかくも大勢の方にこのシンポジウムに、御参加いただきましてありがとうございます。また日頃より土曜教育の活動にボランティアや、様々な立場で御協力いただいている方々も大勢参加いただき、あらためて感謝申し上げます。土曜学習につきまして、文部科学省では、昨年、12月に下村大臣も自ら板橋区の小学校で授業を始めており非常に力を入れてる施策でございます。土曜学習というのは、子供たちに豊かな教育を提供し社会と近付いたいろいろな取組になってるということはもちろんのこと地域と結び付いた形で、学校そのものを変えていくと思っております。

現在中教審では教育課程の見直しの中、学習指導要領の改定についても諮問が出されましたが内容はもとより、学校のスタンスといったものも土曜学習を通じて変わっていくのではないかと思っております。また、地域を巻き込んだ取組ということで、学校、家庭、地域が一体となり、その中で現在失われつつあるコミュニティの再生にもつながるのではないかというふうに考えております。子供たちを変え、学校を変え、社会を変えることはひいては、戦後の経済成長の中で、失われたような人々の暮らしや、生活とか、そういうものを取り戻すつながりになるという大きな可能性を土曜学習は持ってるのではないかと思っています。

その中で、文部科学省としてはこの土曜学習がより活発になるため、企業や団体を対象に本活動を支援する応援団を募っております。現在の団体数はまだ124で、交渉中の所が120ぐらいありますが、まだまだ足りない状況です。応援団をどんどん増やして、皆さまの活動が活発になるようにしたいと考えております。声を掛けたらいいなというお付き合いのある企業や団体がありましたら、是非私どもに教えていただきたいと思います。また文部科学省の職員も、自ら講師、あるいはいろいろなお手伝いやボランティアとして支援したいと思っております。既に300ぐらいの数ではありますが、今年度に入って少しずつお手伝いをさせていただいております。これからも土曜学習の取組を進めていきたいと思いますので、皆さまにおかれましても、手伝いが必要であれば遠慮なく申し出ていただきたいと思いますので、よろしくお願いいたします。

本会が、成功裏に終わって、皆さまにとって実りあるものになることを祈念致しまして、短いあいさつでありますが、私の言葉としたいと思います。よろしくお願いします。

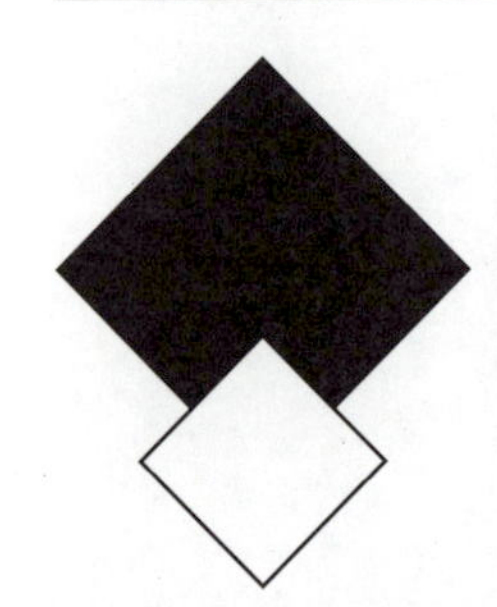

施策説明

「土曜日の教育活動推進プロジェクトについて」

文部科学省生涯学習政策局社会教育課地域学校支援推進室長
鍋島(なべしま) 豊(ゆたか) 氏

皆さん、こんにちは。本日は、本当にお忙しい中全国から多数こちらにお越しいただきまして、本当にありがとうございます。社研の皆さま方の御配慮で、すてきな土曜日の教育活動の PR ができるようなパネルを、作っていただくことができました。土曜日はここまで大事なのかとか、また先ほど審議官が、お話しした、120 ぐらいの土曜学習応援団の企業、団体の方々の中で三つの団体が、パネルを作って出していただいておりますので、是非御覧いただき、そこでもいいマッチングができたらありがたいなと思っております。

私のほうからは、少し情報提供をさせていただければと思います。後ほど、興梠先生をはじめとしましたシンポジウムの中でも、カタリバやアフタースクール、北海道の皆さんなど、先進的な力強い取組について是非お聞きいただければと思いますが、私のほうからは土曜日の教育活動推進と、次に参考資料として本日御参加の「土曜学習応援団」に関する資料を少し紹介させていただければと思います。土曜日の教育活動の形態というのがこちらのほうにございます。ちょっとだけ御覧いただければと思います。学校週 5 日制を 6 日制に戻すということではないんですけれども、学校のほうでもカリキュラム上の授業をやりやすくさせていただくような省令改正を昨年させていただきました（P56 資料 2-4）。また、地域の中の自由参加の取組というのは、これまでもできたわけなんですけれども、特に土曜日というのは少し時間をゆったりと使うことができるのではないかと思います。また多くの社会人の方々はどちらかというとお休みになりますのでボランティア等として、御参加いただくことが可能ではないかと、今年度から新しく文部科学省も土曜日に着目をさせていただいているところでもあります。

土曜日と申しましても、子供目線で見たお休みの日ということになりますので、土曜日でなくても日曜日とか祝日とか、またこれから参ります冬休みとか春休みとか夏休みなどの平日についても同じような、「土曜日」と同じだという形で考えていただければと思います（P57 資料 2-5）。土曜授業というのが①番のところにありますように、これは学校でカリキュラムとして行われるような授業であります。全員参加、休んでしまうと欠席扱いという形になりますけれども、社会教育のほうでは例えば③番、④番の所、こちらが土曜学習というふうに呼ばせていただいております。教育委員会等、公的な機関が中心となってやるか、本日も多数御参加の皆さまでありましたり、企業団体の方々が主体となってやるか、PTA の方々がやるかだけの違いで特段大きな違いはありません。③番、④番のほうの特色としましては、希望者が参加できるという自由参加スタイルだということがあります。うまくやらないとなかなか集まらないこともあるんですけれども、やり方によってはクラスの壁とか学年の壁、学校の壁なんかも超えて非常に柔軟なスタイルでできるということが、こちらの特色ではないかと思います。

実態としましても、その下のほうにありますように土曜授業を少しずつ行ってきているような学校も増えてきてました。土曜授業、そして今の自由参加の土曜学習等々、年間1回でも、そしてそのどれか1回でもやってるかどうかということを今年度伺ってみますと、約1万3000校、40パーセントの学校ないしは地域がいずれか取り組まれるような形になっています。東京都は、月2回を上限という形で、特に品川区とか杉並区などは第1、第3土曜日は授業日だという形でやっておられます。また一方では、秋田県などは、土曜日は家庭、地域に返す日だということで、学校の授業は行われてませんけれども、自由参加の土曜学習は非常に盛んに行われており、地域によっても随分差があるような状況です。資料に、全国の現在の状況ということを出しておきました（P50 パネル②）。

文部科学省では、頑張りたいという自治体、市町村の方々に対する支援事業ということを、今年度から始めております（P58 資料 2-7、8）。ようこそ先輩、ゲストティーチャーのような形で、外部の方々が学校の授業や、また地域の取組に御参加される場合に1時間2200円ぐらいなんですが、いくらか謝金を出させていただいたり交通費等を出していただくような授業がございます。大体の幼稚園、小学校ぐらいから高校生ぐらいまでの子供たちを対象として、親子での参加でも構わないんですが、大体今5000校区ぐらいで、徐々にではあるんですけれども取組が始まっております。先ほどのように、どんどんやろうという自治体が、非常に増えてますので、来年度は1万2000校区から御要望があってもできるような形で取り組んでまいりたいと思っています。

大分県豊後高田市の事例ですけれども（P51 パネル③）、15年ほど前は、随分いろいろ御苦労されてたときもあったようです。当時の市長や教育長の思いもありまして、何とか行政としても場の提供をしよう。実際に選ぶのは保護者だったり子供たちだということで、第1、第3、第5の土曜日は学習の日、第2、第4は体験、文化、スポーツの日ということで、非常にバランスの取れた自由参加の取組で成果を上げられているような事例がございます。ほかにもこれ以降の資料（P59～P62）をざっと御覧いただければと思います。奈良県大和高田市の公民館のよくある事例だと思いますが、土日に子供たちの居場所づくりということで、地域の方々が中心となった地域文化の伝統文化の継承なんかも含めた取組でした。

東京都品川区の旗の台の第二延山小学校では、これは放課後を中心とした取組ですので、放課後、土曜日、休み中の平日、大体300日ぐらい毎日何かをやっていらっしゃるということです（P59 資料 2-10）。地域の方々が、今日はパソコン教室、明日はハンドボール教室、明後日は少年野球教室というような形で、常に指導員としてボランティア的に御参加いただいてるという事例です。大阪府の池田市や、大阪府大東市の事例につきましては、学習支援ということで、少し遅れがちな子供たちに対する学習支援をやっているという事例であります。また、滋賀県湖南市の事例では、中学校が主体的に参加する土曜日の活動は、子供たちの自由意思に基づいて、受け身ではなくて主体的な参加体験型のものを体現するようなものです。また熊本市では、博物館などをうまく活用されたり、愛媛県では、高等学校の事例として非常に面白い事例などがございます。

今度は土曜学習応援団について少しだけお話をさせていただきます（P64 資料 2-18）。現在、先ほど審議官が申しましたように、120の団体、企業に御参加をいただいております。今日も多数の企業、団体さんにお越しいただいてますので、「入ってみてもいいよ」っていうことがございましたら、是非お願いをしたいと思います。できるだけ様々なジャンルの方々に御参加いただきますと、今回は学習活動でいこう、今回はキャリア教育でいこう、今回はスポーツでいこう、今回は文化でいこうとか、様々の学校、団体の選択肢も増えると思います。日常的には、地域の方々に来ていただくなどして、子供たちのやる気とか、いろいろな選択肢を増やしていただければと思います。

岐阜の中学校からお話がありまして取り組んだ事例としましては、様々なジャンルの方々の中にパナソニック、岐阜信用金庫の事例もありました（P52 パネル④）。4月にキックオフ的にやらせていただきました品川の小学校のスマイルスクールの事例では、七つの企業、団体が一堂に会していただいたようなやり方がございました（P53 パネル⑤）。一つの企業、団体が学校に赴くだけではなくて、いくつかの企業、団体さんが合わせて行うというやり方もあるのではないかと思います。また本日のような機会も、非常に大事な機会だと思いますけれども、特に地域の取組ですと、いつも多数参加のコーディネーターの方々、学校の先生方が重要だと思います。そういった先生方に、応援団の取組は大事なものですし、簡単に頼むこともできるんだということをお伝えできるような機会を、是非設けさせていただきたいと思います。12 月 8 日には、コーディネーターの方々に集まっていただき、企業の方々と意見交換会をさせていただいたところでございます（P54 パネル⑥）。

東京都も先週の日曜日に、都庁におきまして東京都のネットワークフォーラムという形で、80 ぐらいの企業、団体が、ポスターセッションに参加されて、その場でも多数マッチングが行われていました。是非、教育委員会の皆さまにもお勧めしたいのは、いろいろなコーディネートの方々の研修会をされてるかと思うんですけれども、グループディスカッションに地元の企業、団体の方々にも多数御参加いただきまして、出会いの場を作っていただくような研修会を少しずつ増やしていただけると大変ありがたいと思っております。

本日御参加の八つの団体の応援団の様々なジャンルで、非常に面白い取組なんかもございます。この後は、具体的な取組ということで、本日は日本語検定委員会の方から、具体的な取組をお話しいただきたいと思いますので、バトンタッチしたいと思います。それでは、どうぞよろしくお願いいたします。ありがとうございました。

中鉢：皆さんこんにちは。日本語検定委員会の中鉢と申します。土曜学習応援団に参加している団体と致しまして、私どもの活動について少しお話をさせていただきたいと思います。私どもが実施しております、日本語検定というのは、日本人の方を中心に受けていただいてる検定です。敬語とか文法など六つの領域から日常生活の場面を想定した問題を出題しております。その問題を解いていただくことによって、日本語の総合的な運用能力を測るということを目的に実施しているものでございます。日本語検定は、下は小学生 1 年生ぐらいから上は大人まで七つの級があり幅広い年齢層の方に取り組んでいただけるような検定を実施しております。

今回、私どもの日本語検定を使って、土曜活動をやっていただいてる事例を一つ、パネルとして紹介しております。東京都の板橋区が取り組んでいらっしゃる寺子屋プランというのがございまして、土曜日にいろいろな活動をされております。紹介しております高島第一小学校というところが、その寺子屋プランという土曜日の活動の中で、私どもの日本語検定を活用いただいております。

こちらのほうはまず半日の時間なんですけれども、子供たちが自分たちで、自分がやりたいな思う級を選んで取り組んでいただいております。2 年生から 6 年生まで参加してる子が多いので、自分がやった級が終わると上の級にも挑戦して、やっていけるような仕組みになっております。実際その級を受けていただいて解いてもらった後に、私どものほうで派遣しております講師がその問題についての答え合わせと解説ですね。いわゆるなぜこれが合っているのか、なぜこれが間違っているのかというようなことを御説明をするというような活動になっております。これには、子供たちだけではなくて、土曜日なので保護者の方も参加していただいております。保護者の方は、大人向けの級に取り組んで難しいなと言いながらも頑張ってやっていただいております。

自分で選んだ級に取り組んでいますので、子供たちも達成感を持っていただけるような形であります。希望者が出席するという形の講座なんですけれども、2 年生から始まって 4 ～ 5 年間継続して参加していただいてるという子供たちもいらっしゃいます。毎年、年 2 回保護者の方も合わせて 50 人程度の方が参加していただいてる講座になります。終わった後に、お帰りになる子供たちと保護者の方の姿を見ておりますと、「難しかったね」とか、「僕これができた」というような感じで親子で談笑している姿も見られます。なんかすごいいいことをしているのかなっていうような気分になれて、私もうれしく思ってるところなんでございますけれども、そういうような活動を今しております。ここに紹介した事例というのは、あくまでも一つのメニューでございます。お取り組みいただく構成内容とか時間等につきましては、それぞれの団体と御相談をしながら、一番やりやすいような形を組んで構成をしております。まだ大きな団体ではございませんができるだけいろいろな地域でやっていきたいなと考えております。

私ども、日本語検定委員会では言葉とか日本語を知ってほしいということで、こういう活動に取り組んでおります。土曜日の教育活動に取り組んでいる皆さまの何かお手伝いになれればいいなというふうに考えておりますので、もし御関心等のある方は是非お声をお掛けいただければと思います。お時間を頂きまして、今日はありがとうございました。

趣旨説明

昭和女子大学コミュニティサービスラーニングセンター長
コーディネーター：興梠 寛（こおろき ひろし） 氏

日本ボランティア学習協会代表理事，社会福祉法人世田谷ボランティア協会理事長，全国体験活動ボランティア活動推進センターコーディネーター。文部科学省中央教委審議会臨時委員，専門委員などを歴任。NPO・NGOなどの非営利組織，市民教育，コミュニティサービスラーニング，国際協力，企業市民活動などボランタリー社会の可能性と教育プログラムの開発について研究。

皆さん、こんにちは。ようこそシンポジウムにいらしていただきましてありがとうございます。今日は金曜日なんですけれど「土曜日」のお話をさせていただきます。ちょっと私も調べてみたのですが、土曜日は英語でサタデイといい、古代ローマの農耕の神様サターンから由来がきているそうです。ですから土曜日というのは、心も身体も耕す日というふうに考えてもいいのではないかと思います。皆さまが持っていらっしゃる手帳とかカレンダーはどこから始まってるんでしょうかね。日曜日から始まってるんでしょうか。月曜日から始まっているでしょうか。土曜日というのは、1週間を振り返り新たな1週間に向かって、また自分自身が生きていこう、学んでいこうという希望を持つ、そういった日でもあるというふうに思います。ですから土曜日はとっても大事な日だというふうに思います。

実は私は学校週5日制を導入していくための文部科学省の議論に参加をしています。その後、若干肩身の狭い思いを致しました。いわゆる学力低下につながっていくのではないかとか、先生たちは土曜日に休んで大丈夫なのかとかいろいろな意見も頂きました。そういったこともあり、私も常々、土曜日というものに対してもう一回明確な施策提案ができるといいなということをずっと考えておりました。そういう面で、昨年からはっきりとした土曜日に対する方向性というものが全国に向けて提案されたということは、とてもいいことだと思います。今現在、文部科学省の施策の中で一番ヒットしているのではないかと思います。私もいろいろ取り組んでおりますが、例えば学校支援ボランティアとか放課後の施策、プラス土曜日というのはとても重要な役割を持つだろうと思っています。

土曜日は、別の言葉に言い換えますと、地域ぐるみで子供の育ちを支援していく日というふうにも考えられるのではないかと思います。御承知のように、私たちのコミュニティには様々な経験を通して身に付けた知識やまた技術を持つ人たちがたくさんいらっしゃいます。こういう人たちが持っている子供たちを育てていく力というものを、社会教育が総合プロデューサーになって、学校と地域と家庭を結んで新たな教育活動を進めていこうという、それが土曜日だというふうに思っております。国立教育政策研究所社会教育実践研究センターの、様々な研究、プロジェクトへも参加をさせていただいており、特に最近では、平成22～23（2010～2011）年に「地域における NPO 活動やボランティア活動等の実態に関する調査研究」、それから平成24（2012）年の「企業とボランティアに関する調査研究」にも参加させていただきました。

今日は3人の貴重なシンポジストの方をお招きして、これから皆さんと一緒に議論を、研究協議を進めていこうと思っています。私もいい事例として知っております。例えば岩手県大槌町から NPO カタリバに来ていただいております。カタリバという明確なNPOの理念を持ち、そして非常に優れたスキルを持っているNPOの方に来ていただいております。それから放課後NPOアフタースクール。ここもまたいろいろな報道、メディアにも登場し、やはり同じように素晴らしいプロジェクトをやっておられるお二方をお招きしています。

また、私もお邪魔させていただきましたが、北海道では全道で、北海道の教育委員会が市町村の教育委員会と結んでいきながら、企業とコラボしていくシステムを作っています。しかも、いわゆる地方の教育事務所が相互に競い合い新しいプログラムのメニューを開発している方も来ていらっしゃっております。

土曜日の教育活動と、私たち市民がどのようにボランティア活動として参加をし、新しい教育を作り出していくかということについて、今日はお話を進めていきたいと思っております。

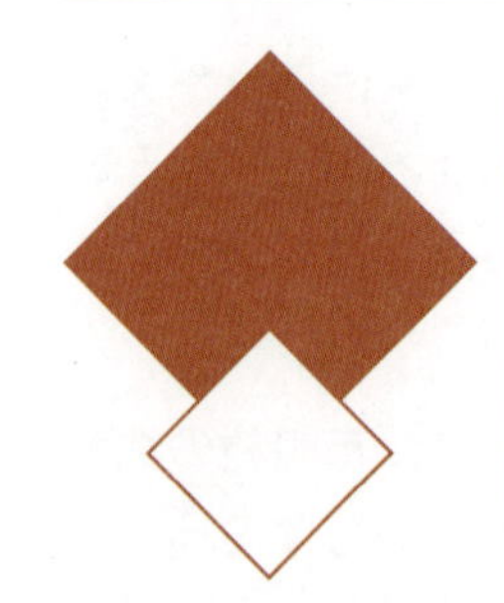

報告1

被災地における「コラボ・スクール」の取組について

NPO カタリバ東北復興事業部大槌臨学舎（おおつちりんがくしゃ）講師

講師：山田（やまだ）　雄介（ゆうすけ）　氏

昭和 57（1982）年札幌市生まれ。フォトグラファーを経て平成 25（2013）年 4 月から認定特定非営利活動法人カタリバ コラボ・スクール大槌臨学舎にボランティアとして参加。同年 7 月より職員として同臨学舎の中学教務に携わり，現在は地域コーディネーターとして小学校に入り，放課後スクールの運営，学習指導を行っている。

被災地の被害規模と課題

それではまずこちらの写真（スライド 1-01）を御覧ください。平成 23（2011）年 6 月、居場所がなく仮設住宅の脇の路上で寝そべり勉強する子供の姿です。東日本大震災の津波によって、家と教育施設が流され、子供たちが勉強する場所と安心して集える場所がなくなりました。また大人たちが生活再建に労力を費やされる中、親が安心して子供たちを預けられる場所がありませんでした。中でも宮城県の女川町（おながわちょう）と岩手県の大槌町（おおつちちょう）は甚大な被害を受けた地域の一つです。死亡者、行方不明者率は女川町が 9.5 パーセントと第 1 位、次いで大槌町が 9.2 パーセントと第 2 位でした。同様に住居倒壊率も女川町が第 1 位、大槌町は第 3 位です。そんな、震災で居場所を失った子供たちが、勉強や心のサポートをしてくれる指導者と出会える場。それを提供するために、放課後の教育施設、コラボ・スクールは出来上がりました。

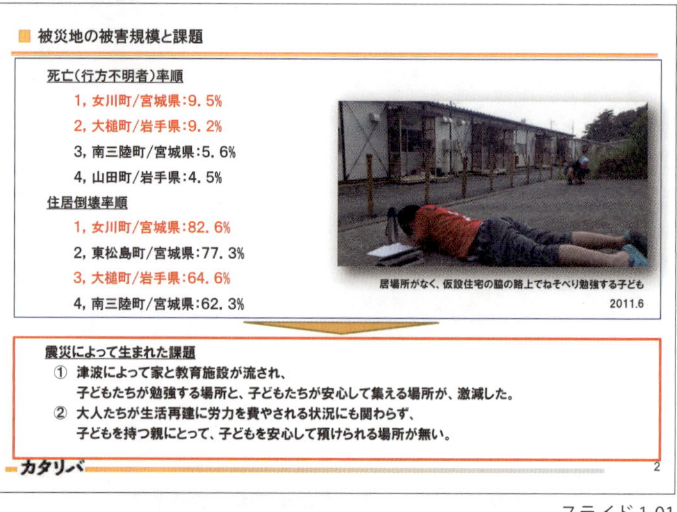

スライド 1-01

スライド 1-02

スライド 1-03

スライド 1-04

支援事業について

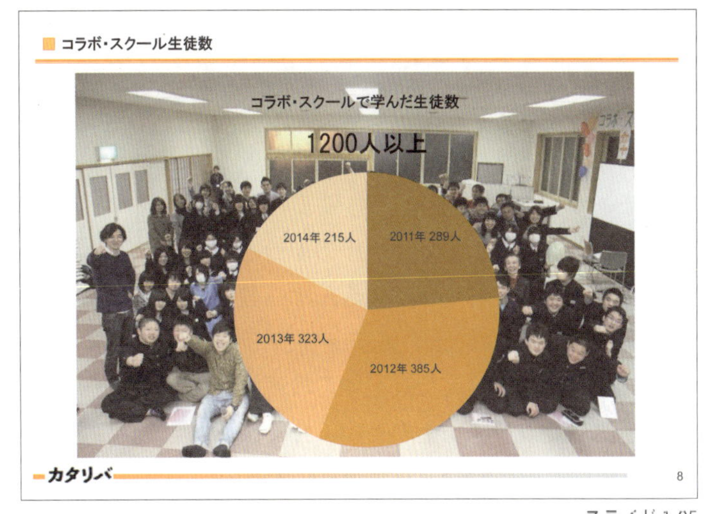

スライド 1-05

コラボ・スクールは、行政、町民、NPO、地域、みんなで作り上げる放課後の教育施設を目指し、平成 23（2011）年 7 月に女川向学館、同年 12 月に大槌臨学舎がスタートしました（スライド 1-02）。こちらは大槌臨学舎開校当時の登校してくる生徒の姿です（スライド 1-03）。何もない寒空の中、彼らは笑顔で登校してきました。当時は場所がなく、震災の被害を逃れた公民館や神社の一角をお借りしてコラボ・スクールの運営を行っていました。それでも、生徒が増えるにつれて、勉強する場所が足りなくなったため、公民館の近くにプレハブ小屋を建てて授業を行っていました。こちらは神社で勉強する受験前の中学 3 年生の姿です（スライド 1-06）。場所がなかったため、公民館の台所でも勉強していました（スライド 1-07）。震災当時、町の中学 3 年生の約 8 割がコラボ・スクールを利用していました。そしてコラボ・スクールがスタートしてから約 3 年、現在ではコラボ・スクールで学んだ生徒数は延べ 1200 人を超えています（スライド 1-05）。

現在のコラボ・スクールの利用状況です。大槌臨学舎では、震災から 3 年半がたった今でも大槌町内、中学 3 年生の 47 パーセントがコラボ・スクールに通っています（スライド 1-08）。週 2 回、英語と数学が行われる必修授業の出席率は 92 パーセント。登下校に使われている送迎バス使用率は 91 パーセントにのぼります。現在も、町内の約 40 パーセントの子供たちが仮設住宅での暮らしを余儀なくされています。そんな子供たちは、現在も思う存分、コラボ・スクールを利用しています。

子供たちに寄り添う大人たちも、南は沖縄、北は北海道、さらには日本全国にとどまらず、時には海外からも駆けつけてくれています。この 3 年間、コラボ・スクールに関わってくれたボランティアの人数は 300 名以上にのぼります（スライド 1-10）。大槌では、昨年度 7 月に新校舎が建ち、開校当時中学 3 年生しか受け入れられなかったコラボ・スクールに、現在は中学 1 年生から 3 年生、小学 3 年生から 6 年生の子供たちが利用しています。コラボ・スクールは、行政、民間企業、個人の方からの助成金、寄附金によって成り立っています（スライド 1-11）。

東日本大震災で被災した子供たちは、きっとこれからの日本を引っ張っていくリーダーになってくれる。又は震災を理由に将来の夢を諦めざるを得なかったということにはなってほしくないという、たくさんの支援者の方の思いが詰まったコラボ・スクールで子供たちは勉強しています。

スライド 1-06

スライド 1-07

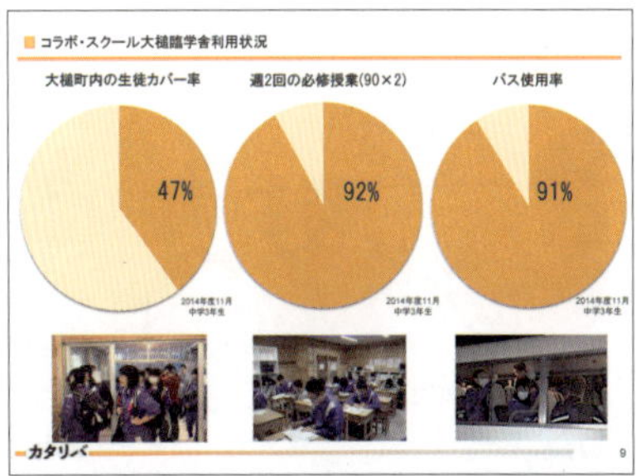

スライド 1-08

つながり格差と学力

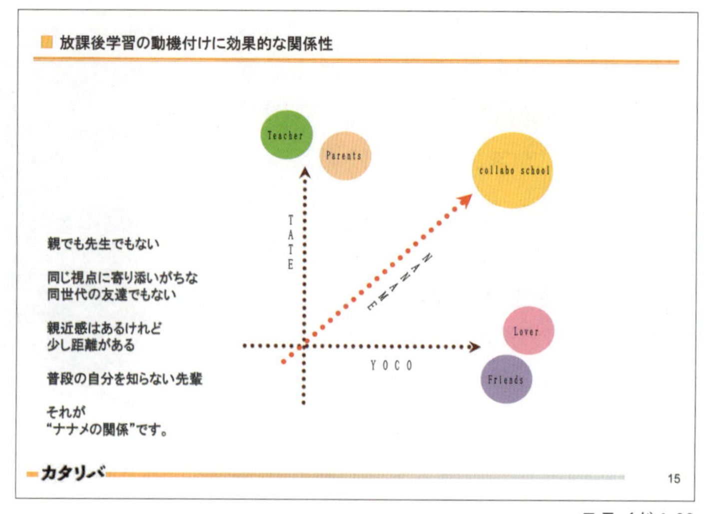

スライド 1-09

私は震災から2年たった平成25（2013）年にボランティアとして、コラボ・スクールにやってきました。その前はフォトグラファーをしておりましたが、そのままコラボ・スクールの職員となり現在に至っております。そんな、教育と全く関係のない一介のフォトグラファーが、被災地で見た被災地の教育課題は、地方の教育課題そのものに見えました。そして、自分たちが行っていることは復興支援とともに、それとは違う大きな課題に直面にしているのではないかという思いを抱き始めました。その課題というのが、“つながり格差”と“学力格差”です。

こちらにあるデータは、年収や経済的要因、つまり経済格差よりも人間関係の“つながり格差”が学力を左右する傾向にあるというものです（スライド1-12）。データは平成8（1996）年、学力全国43位から、平成19（2007）年に最上位となった秋田県と、平成8（1996）年6位から平成19（2007）年最下位近くまで成績が落ちてしまった大阪府の指標を取り上げています。データを見ると、離婚率、持ち家率、不登校率といった人間関係のつながりに関する数値が、秋田県は軒並み高く、大阪府は極めて低いことが分かります。このデータを見たときに、私たちがコラボスクールで行っていることはこういうことだったのかと思いました。

というのは、大阪府に見られるような“つながり格差”の広がりは被災地で起こっていることと大きく一致していたからです。被災地では、まさにつながり格差が広がり続けていると思っています。そしてこの“つながり格差”が子供の学力に大きく左右していると、先ほどのデータは示しています。

これに対してコラボ・スクールが取り組んできたことは、震災によって広がってしまった“つながり格差”を、全国各地から集まるボランティアや地域との連携によって、つながりを取り戻すということであると感じています。そのつながりの中で、私たちが大切にしているのが“ナナメの関係”です。親でも先生でもない、同じ視点に寄り添いがちな同世代の友だちでもない。親近感はあるけれども少し距離がある。普段の自分を知らない先輩のような関係、それが“ナナメの関係”です。アニメで表すとカツオくんにとってのサザエさんや波平さんは縦の関係に当たります。そしてナカジマくんやハナザワさんは友だち。縦でも横でもない先輩的存在に当たるウキエさん、これが“ナナメの関係”です（スライド1-09）。

コラボ・スクールでは、全国から集まった様々なフィールドのボランティアが、“ナナメの関係”から子供たちにたくさんの刺激や知的好奇心を与えてくれています。そして何よりそばで見守られ、安心して勉強できるつながりのある環境が、子供たちの放課後学習の大きな動機付けになっていると思って

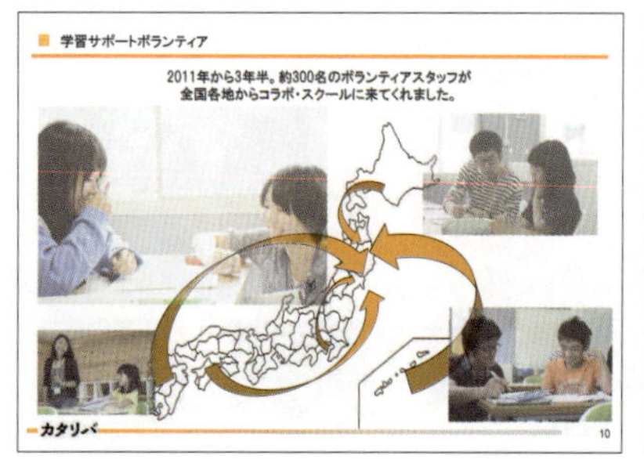

スライド 1-10

スライド 1-11

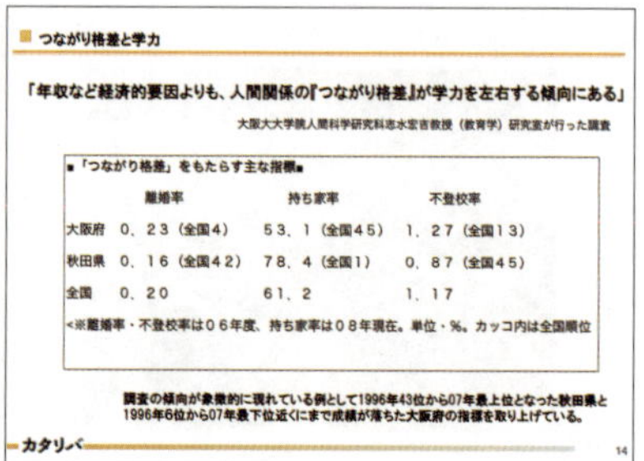

スライド 1-12

います。つながりを取り戻すためには、外からだけではなく地域の方々とのつながりも不可欠です。先ほどの動画にあったようにコラボ・スクールでは、震災前から塾を経営していた地元の先生方と協働しています（スライド 1-15）。地元の雇用促進もさることながら、子供にとって同じ地域に居る塾の先生は安心できる存在、そして頼れる存在です。保護者にとっても、地元の先生という信頼はとても大きなものがあります。

地域イベントへの参加

また外から入ってきたコラボ・スクールが、地域とつながりをつくるには、地域の方々との信頼関係が必要です。そのため、地域イベントがあると聞くと、土日、祝日問わず参加しました。特に大槌町では祭りが盛んで、秋になると町全体はお祭りムード一色になります。当然ながらこの時期は生徒の出席率があからさまに下がります。生徒が来ないのであれば私たちも参加してしまおうと、男性スタッフは神輿（みこし）、女性スタッフは手踊りに参加しています（スライド 1-16、17）。お祭りに参加すると地域の方々と深いつながりができるとともに、生徒の見る目が尊敬のまなざしに変わります。

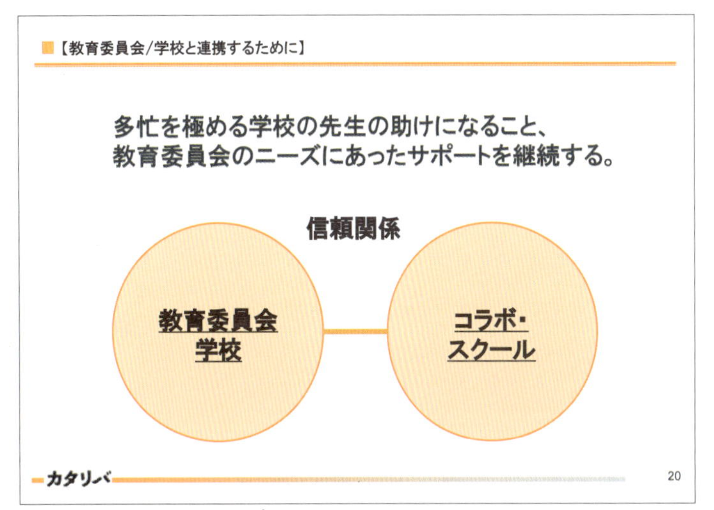

スライド 1-13

教育委員会 / 学校との連携

コラボ・スクールが直面しているのは何かという課題のもう一つが、学力格差です。岩手県の学力は、全国の中でも低い水準にあります。その中でも被災した沿岸部は更に低い水準にあります。放課後の学習により、子供たちの学力を向上させるためには学校、教育委員会との連携が必要になってきます。この 3 年間、私たちは学校、教育委員会との信頼関係を大切にしてきました。学校の先生方は多忙です。学校と連携するに当たって、私たちの存在が学校の負担にならないよう、先生の助けになる又は先生の手の届かないところをサポートすることを心がけています。教育委員会とは、教

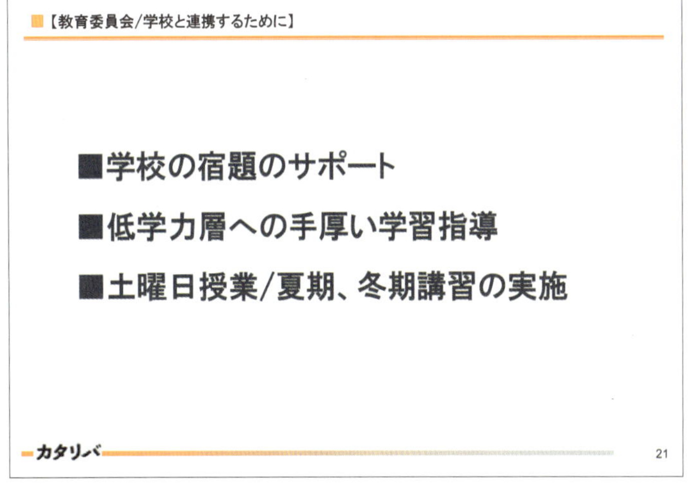

スライド 1-14

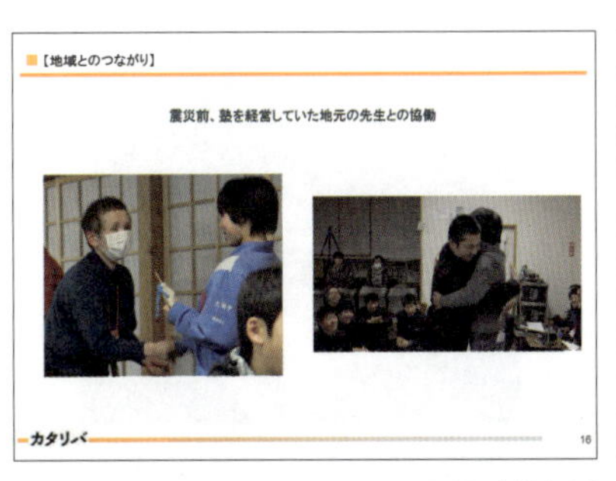

スライド 1-15

スライド 1-16

スライド 1-17

育委員会が持っている長期的ビジョン又は短期的ニーズに合った学習支援を行うことを意識しています（スライド 1-13）。

具体的には、学校の宿題のサポート、低学力層への手厚い学習指導、土曜日授業や夏期、冬期講習の実施が挙げられます（スライド 1-14）。もちろん最初は学校や教育委員会の信頼を得ることができず、なかなか連携をうまく進めることができませんでした。しかし、子供の情報や様子を学校に持っていったり、教育委員会へ足を運び、必要とされている学習支援をすり合わせていく中で、徐々に先生がコラボ・スクールに生徒の様子を見にくる回数が増え、連携することができるようになってきました。

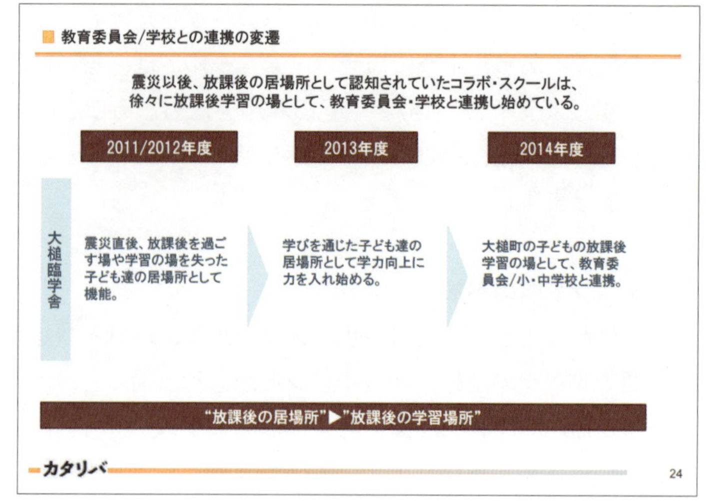

スライド 1-18

こちらは今年の夏に行った小学生向けの夏期講習の様子です（スライド 1-20）。約 40 名の小学生が、夏休みにコラボ・スクールにきて 1 週間勉強していきました。夏休み学びの場と称したこの夏期講習では、教育委員会と連携し、教育長認定テストというものを作りました（スライド 1-21）。これは子供たちが 1 週間かけて勉強し、この認定テストに合格すると教育長お墨付きの教育長認定証がもらえるという仕組みになっています。ほとんどの児童が、この認定証をもらうために必死で勉強して賞状を持って帰りました。

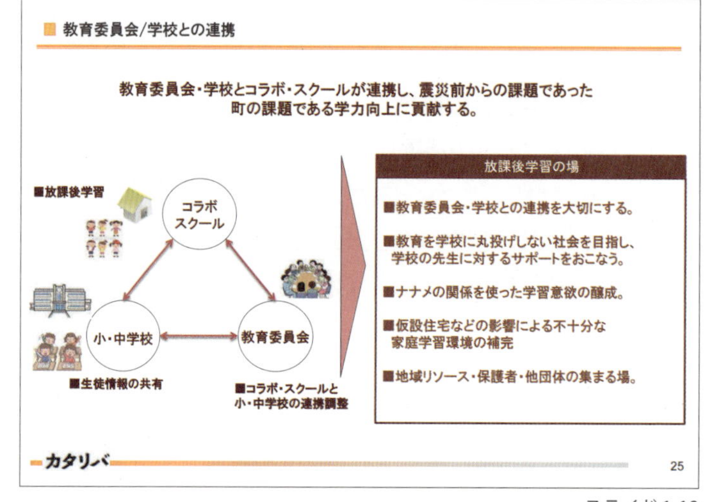

スライド 1-19

コラボ・スクールと教育委員会、学校との連携の変遷です（スライド 1-18）。震災当時、コラボ・スクールは放課後の居場所として機能していました。そこから昨年度は、学びを通じた放課後の居場所、そして地域課題である学力向上に力を入れ始めます。そして今年度は、大槌町の放課後学習の場として本格的に教育委員会や小中学校と連携し始めています。学校とは、学習内容の共有や生徒情報の共有を行い、教育委員会には、コラボ・スクールと学校の連携調整をしてもらう。震災前からの町の課題であった学力向上への貢献を今目指しております（スライド 1-19）。

スライド 1-20

スライド 1-21

スライド 1-22

“放課後吉里っ子スクール”の取組

コラボ・スクールが現在取り組んでいる放課後学習の内容です（スライド1-23）。小中学生の放課後学習指導に加えて、高校生にはスカイプでフィリピンの先生とつないだ英会話レッスン。被災地の課題に高校生自身が取り組むプロジェクト型学習支援を行っています。またテスト前にはコラボ・スクールのスタッフが学校に行き、放課後の30分の特別自習時間にアシスタントとして入っています。先ほど説明した長期休みの講習に加え、小学生向けに土曜授業も隔週（月に2回）行っています。この中でも今年度から始まったのが大槌町立吉里吉里小学校で行っている“放課後吉里っ子スクール”というものです（スライド1-22）。“放課後吉里っ子スクール”は、教育委員会からの要請を受けコラボ・スクールのスタッフである私が、地域コーディネーターとして学校に行き、放課後学習の場を学校の中で運営しています。

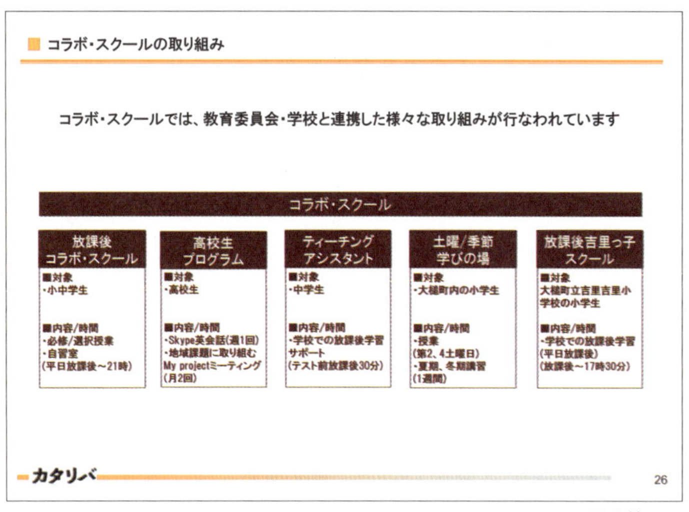

スライド1-23

全校生徒約100名の小さな学校ですが、約40名の生徒が登録し、毎日放課後学習に取り組んでいます。場所は学校の図書室をお借りしています。コラボ・スクールのように全国から集まるボランティアが居ないため、学習支援を行ってくれるリソースの不足がありました。ならば地域の方々に関わってもらおうと、仕事や子育てを終えた、ちょうど小学生のおじいちゃん、おばあちゃんの世代の方々に学習サポーターを手伝ってもらっています（スライド1-24）。これも放課後学習の動機付けに有効な“ナナメの関係”であると考えています。

こちらは地域の読み聞かせ団体ひなたぼっこさんが月に2回、子供たちに読み聞かせを行っている写真です（スライド1-25）。吉里っ子スクールでは勉強だけではなく、子供たちが知的好奇心を持てるよう体験学習も導入しています。そこに地域の団体が関わってくれています。こちらはバイオリン教室の様子です（スライド1-26）。地域だけではなく、外部の団体とも連携を行っています。一般社団法人エル・システマジャパンのスタッフが週に2回、バイオリンや英語又は歌を教えてくれています。外からくる単発の、1度きりのイベントのようなものも積極的に取り入れています。これは岐阜県立岐阜工業高等学校の生徒が光る消しゴム作りを教えてくれたときの写真です（スライド1-28）。1月には、地元の企業の方が開催するコマまわし大会も実施する予定です。

吉里っ子スクールの強みは学校で行うことができるというところにあります。学校であれば、保護者の方が安心して子供を預けられますし、学校との連携もスムーズです。実際に学校の先生方が放課後に、吉里っ子スクールに訪れ、学習指導のアドバイスや教材の提供、子供の情報交換などを行ってくれています。私のようなNPOのスタッフが地域コーディネーターとして学校に入り、教育委員会や学校と連携しつつ地域の人や他団体といった様々なリソースを取り込む。そうやって放課後の学習の場を活性化

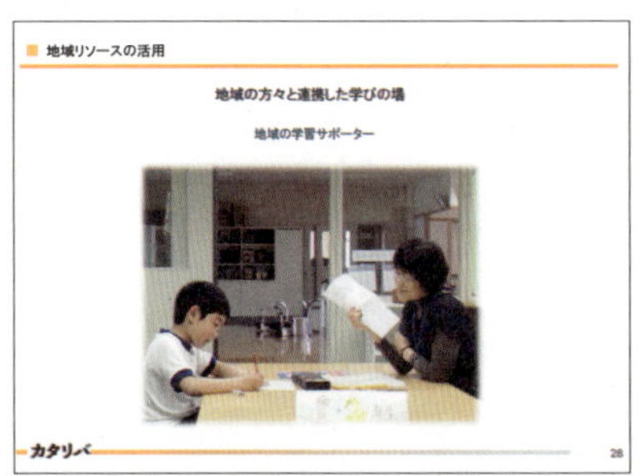

スライド1-24

地域リソースの活用
地域団体と連携した体験学習
地域の読み聞かせ団体
「ひなたぼっこ」
カタリバ

スライド1-25

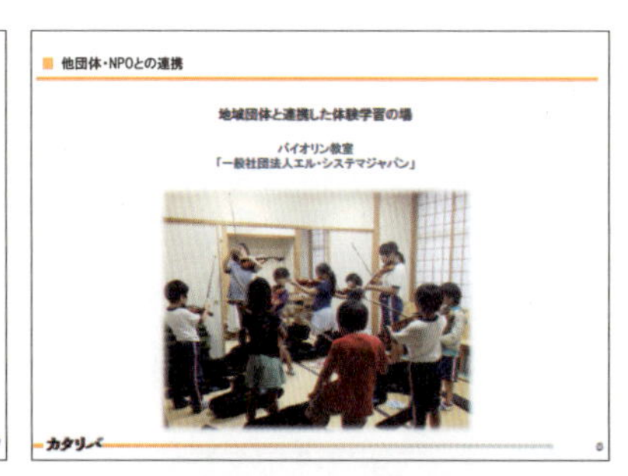

スライド1-26

させることは、学校の負担を軽減しながら、放課後学習の場を進めていける取組であると感じています。

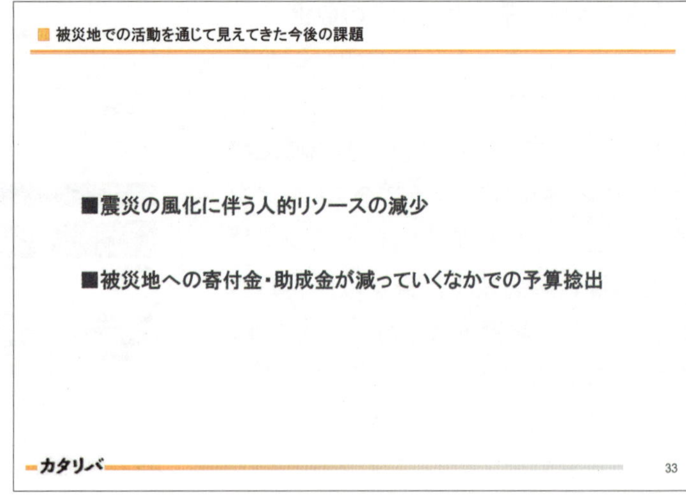

スライド 1-27

被災地での活動を通じて見えてきた今後の課題

ここまで復興支援を通して新たに見えてきた課題とその取組をお話ししてきました。しかし被災地の子供たちの放課後の状況は、震災から3年半たった今もほとんど変わっていません。学校は、仮設の校舎、町内の40パーセントの子供が仮設住宅に暮らし、町は一面のさら地と土盛りで遊ぶ場所がなく、交通手段も限られています。そんなつながりづらい世界に住んでいる子供たちには、まだまだつながりが必要だと考えています。しかし残念ながら、震災の風化に伴い被災地に来てくれるボランティアの数は激減しています。また助成金や寄付金も、同様に年々減っていっています。これらの、減少している人的リソースや予算をどう捻出していくか。これが私たちの今後の課題になってくると考えています（スライド 1-27)。

そしてもう一つ、被災地の教育課題は、地方の教育課題そのものです。私たちが行っている被災地、地方での放課後学習の取組はまだまだ始まったばかりだと思っています。

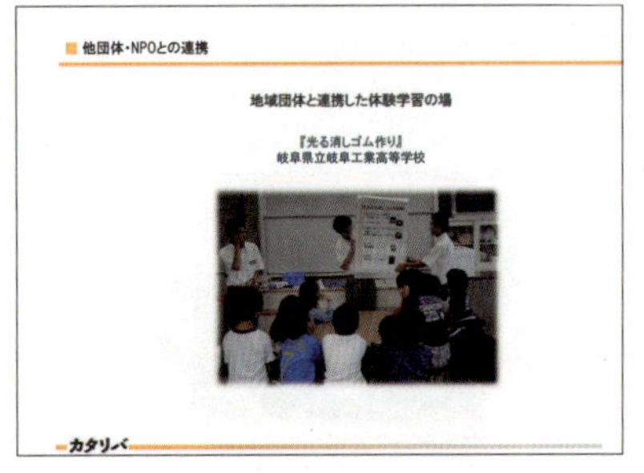

スライド 1-28

報告 2

市民先生による放課後活動の取組について

放課後 NPO アフタースクール代表理事

講師：平岩（ひらいわ）　国泰（くにやす）　氏

昭和 49（1974）年，東京都生まれ。平成 8（1996）年慶應義塾大学経済学部卒業。平成 16（2004）年長女の誕生をきっかけに，"放課後ＮＰＯアフタースクール" の活動開始。活動開始以降 "アフタースクール" には 5 万人以上の子供が参加。日本の子供たちの「放課後からの教育改革」に挑む。文部科学省「今後の放課後等の教育支援の在り方に関するワーキンググループ委員」

アフタースクールとは

それでは次に私のほうから、アフタースクールのお話をさせていただければと思います。

私たちのアフタースクールのキャッチフレーズとして、「テレビゲームより楽しく、学習塾より学べる」と言っています（スライド 2-01）。放課後、テレビゲームと学習塾が特に東海、東京は今かなり中心です。それぞれもちろん悪いものではありませんが、これに負けないようなものを作ろうと言っております。アフタースクールには大きく二つの特徴があります。一つは、学童保育の場であるということです。放課後の時間に毎日行い、夏休みなどは朝から行うということです。そしてもう一つの大きな特徴はプログラムです。やはり学校は施設として非常に優れていますので、こちらを使いながら、様々なプログラムが放課後に行われていることです。

私たちが理想と考えるアフタースクールは次の六つの特徴があります（スライド 2-02）。学校で実施し、学童の機能があり、市民先生によるプログラムがある。そして誰でも参加可能。学童は今非常に足りない状況もあって、1 ～ 3 年生までや、両親が働いてないと入れないといった制約が多い状況です。しかし子供たちに話を聞くと、学童の友だちと一緒に遊べなくて寂しいといった声も聞こえており、誰でも参加ができること。それから、今は昔のように異学年で遊ぶことが非常に減っていますので、多世代のみんなで遊べること、また、学校の先生たちとの連携もとても大事に考えています。日本では学校と学童は別という感じがすごく強いのですが、そこは是非一緒にやりたいと思っております。ということで「学校×市民× NPO」を放課後における勝利の方程式としており

スライド 2-01

スライド 2-02

報告 2

ます。

活動のきっかけ

活動を始めたきっかけは、あまり明るいものではありませんでした。平成15～17(2003～2005)年ぐらいにかけて長崎、奈良、栃木、広島など連れ去り事件がありました。今年9年ぶりに連れ去りが年間で100件起きたというニュースがありました。前回100件を超えた9年前の平成17(2005)年は109件、平成18(2004)年が140件超ありました。それが私の娘が生まれた年です。その頃、こういう事件が非常に多くの所で起きており、私も初めての子供、女の子が生まれ、一人の父親として、こんな事件だけは二度と起きてほしくないと思いました。

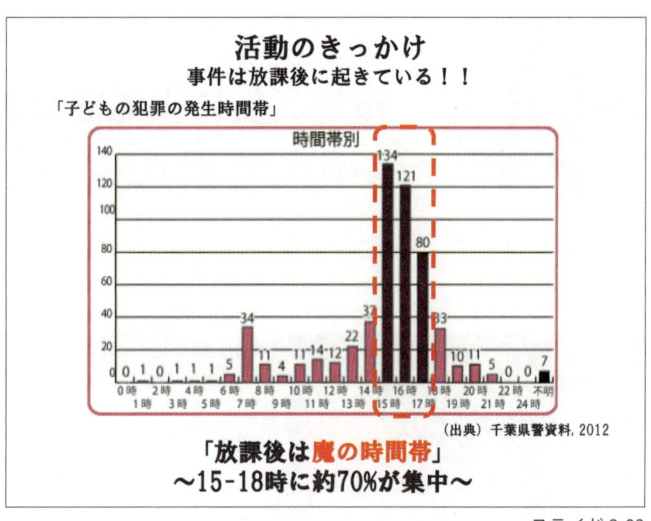

スライド 2-03

千葉県警が公開した子供の事件が起こる時間帯別のデータ（スライド 2-03）を見ると、一つの特徴に気がつきます。見ていただいても分かるように下校中、3～6時の時間が突出してますね。ですからある意味では放課後というのは子供の事件、リスクで言うと「魔の時間帯」に当たります。実際にも一人の小学生の親として、放課後はやはり危ないという認識が強くあります。

子供たち・親たちの課題

親たちは「公園が危ない」という認識も強くあります。したがって、公園に行くと子供たちが居なくなってます（スライド 2-04）。皆さん、平日の夕方是非公園を見てください。昔は、子供がいっぱいでした。今は、土日になるとようやく親たちと来ることはありますが、平日は本当におりません。私も、野球が好きでとにかく放課後になると、近くの公園か神社に行っていました。親に行先を言ってたか言ってないかぐらいですが、私のメインの居場所はそこでした。友だち同士で、約束もあまりせず、取りあえず公園に行けば誰か居るから、行って、何やろうかという話が始まるということでした。

私の娘が今10歳ですが、約束しないで遊びに行くということは一度もなく、常に「誰と、どこで、何をしてるか」を親が把握している状態で遊んでいます。あるいは、本当に行く場所がもうここしかない、あそこしかない、自由度が本当にない放課後が今起きています。結果的に子供たちはやはりゲームをしていることがかなり多いと思います。放課後をどこで過ごしているか調査をすると、家庭で一人で過ごしているということが一番多かったりします。もちろんゲームは、悪者ではありません。しかし一人でゲームしかやることがない。あるいは、これは別の問題かもしれませんが、友だち同士で集まって公園でゲームをしているということももう珍しくなくなりました。最初は非常に違和感がありましたが、当たり前の光景にもなってきました。あるいは、都会の子供たち、特に東京では塾が高学年の居場所になってます。塾しか友だちに会えないから塾に行くという話もよく聞きます。私も帰りに、10時ごろの電車に乗るとよく小学生を見ます。電車の中で3～4人でワーとはしゃいでいるのですごく目立ち、ちょっと眉をひ

スライド 2-04

そめて見られていますが、もしかするとここしか遊ぶ場所がないのかなと思うと、かわいそうだなと思ったりもします。

結果として、時間、空間、仲間という三つの間が失われたという言い方をよくします（スライド 2-06）。ゆったりとした放課後の時間ではもうありません。忙しく、居場所が制限されてます。空間も非常に減ってきました。そして一番もったいないなと思うのが、多くの仲間と過ごす時間というのが、ものすごく失われてるように思います。

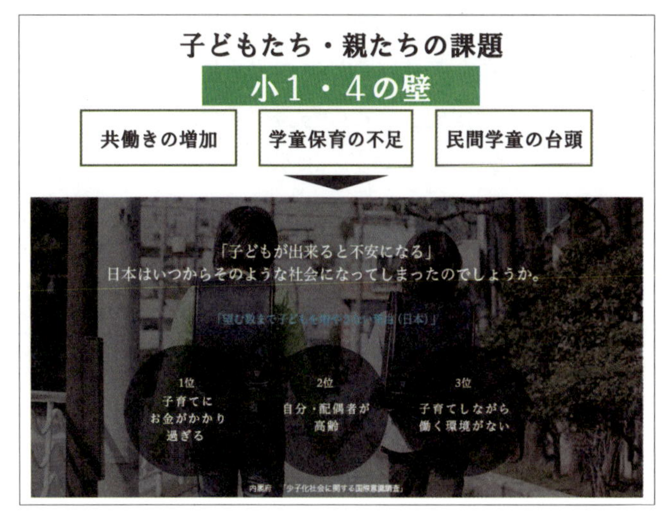

スライド 2-05

親たちは小 1、小 4 の壁なんてことを言われます（スライド 2-05）。よく言われるのは小 1 の壁です。御存じの方も多いと思いますが、保育園から小学校に上がったときに、小学校の居場所がないため親たちが仕事を諦めざるを得ないという話です。あるとき私もお聞きしましたが、子供ができると不安になるということを言った方が居ました。「保育所や学童はどうする、あるいはこんな連れ去り事件もいっぱいある。すごく不安だらけです」と。これではやはり子供が増えないと思います。

あるいは、望む数まで子供を増やさない理由を聞いた内閣府の調査がありますが、これを見ると子育てにお金が掛かり過ぎるからだという理由が 1 位でした。日本の 1 位はこれで、韓国もこれが 1 位でした。ヨーロッパでは配偶者が高齢だから増やさない、というのが 1 位です。確かに、子供ってものすごくお金が掛かりそうなイメージあります。こういったことが、少子化の一つの要因だとすると、本当に安心して子供が産めたり、子供が生まれたことをみんなが心からよかったね、おめでとうと言える社会がこなければ、なかなか少子化の問題もいつまでも解決しないということになるかと思います。

日本にもアフタースクールを！

そういう問題意識のあった中で、私たちは活動を始めました。きっかけはアメリカでアフタースクールがあると聞いたことでした（スライド 2-07）。先ほどの " 放課後吉里っ子スクール " の事例に非常に似ているというか、私たちのモデルでもありますが、アメリカでは、NPO が運営するというスタイルのアフタースクールが多いです。資金は行政が出しているため、ほとんど無料で参加できるアフタースクールが多数です。アメリカのアフタースクールは、子供のドロップアウトを防ぎましょうというミッションを持ち、学校に来なくなったり、あるいは犯罪に巻き込まれたり、自身が犯罪を犯すのを防ぐため、学校に子供たちの居場所を作り、NPO が地域のリソースを集め、そこで教育活動も展開しています。これを見て、もっともっと日本にもこんなのがあったらいいなという思いで活動を始めました。

平成 17（2005）年に活動を始めたころは学校から断られました。私はサラリーマンをしていましたが、たまたま水曜日と日曜日が休みという会社に居ました。そのため、水曜日を使ってやってみようと、ア

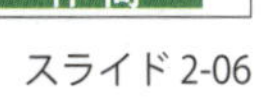
スライド 2-06

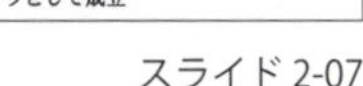
スライド 2-07

スライド 2-08

メリカの事例を知っただけで本当に気軽に始めてしまったんです。初めてお世話になったのは和食の市民先生、この写真（スライド2-09）はその方の弟子です。まずは子供たちに和食のプログラムをやるアフタースクールを開校しました。そのお薦めの電話を学校にしました。

スライド 2-09

皆さん、想像しているように訳分からない人からそんな電話かかってきたら嫌ですよね。当時の私はまだ学校の状況があまりよく分かっておらず、昔と同じように、非常に開放的だろうと思って、協力してくれる、喜んでくれるんじゃないか、みたいな気持ちがあったように思います。もちろん断られました。たまたまかなと思って、少々楽観的に私は 2 校目の学校に電話をしました。結果は同じでした。その学校では、「アフタースクールと名乗る依頼がかかってきたらもうつながないでください」といった通達が小学校の教員室に流れるほどでした。

そのようなわけで、公民館を借りました。料理ができる公民館を探したら幸いあり、そこを借りて、平成 17（2005）年 2 月に始めました（スライド 2-13）。そして 2 年間、公民館で活動をし、その実績を見ていてくれた小学校が場所を貸してくださいました。私の住んでいるエリア、世田谷区では、放課後は区が直営でやっている。そこを一部手伝っていいよということになりました。私にとっては念願の学校の中で活動ができるということになりました。そこからずっと活動を続けまして、その後、私立の小学校でもチャンスをもらいました。私立の小学校は、行政とは異なり 1 校だけのことを考えればいいので、自分の学校で是非やってみなさいということで、やらせていただきました。

平成 23 ～ 26（2011 ～ 2014）年までは、私立の学校で 5 校開校してきました。もちろん公立の小学校での活動も続け、来年の春から公立小学校がまたお手伝いできるようになり、やっと念願かなってやりたいことができ始めたかなというのがちょうど今の時期です。まだ完成したとか、ゴールにたどり着いたということはなく、長い下積み生活を経て今に至ります。この間に私は、仕事を辞めて NPO に専念し、家族や友人に随分心配をかけていますが、元気にやっているということを言っておきます。

5 年間で約 50 校の小学校にプログラムをお手伝いしに行っています（スライド 2-08）。先ほどの世田谷区や横浜市など、いろいろな市区町村の学校から声を掛けていただいています。それからアフタースクールを 5 校開校し、今まで 5 万人以上の子供が参加し、企業 50 社以上とも連携しております。

子どもたちが放課後にやりたいことってなんだろう？

スライド 2-10

放課後を子どもたちの「ゴールデンタイム」に！！

スライド 2-11

スライド 2-12

子供たちが放課後やりたいことって何だろう

私たちは、「子供たちがやりたいことって何だろう」をテーマとしてずっと追いかけています（スライド 2-10）。子供たちのための放課後を、私たちが一緒にお手伝いしてつくる。これが私たちの活動のテーマであり、今日申し上げたいことの一つです。放課後を、いわばゴールデンタイムのような楽しい時間にしたい（スライド 2-11）。放課後も土曜日も、「あまり楽しみじゃない」って言う子が居ます。塾が大変だとか、なかなかやりたいことがやれないということですが、やはりこの時間をワクワクする楽しい時間にしたい。

スライド 2-13

そしてその立役者が「市民先生」という仕組みです。例えばこの大工の棟梁（スライド 2-14）は子供たちと家を建ててます。まず子供たちに何をやりたいのというのを聞くんです。あるいはリクエストボックスを常に置いています。聞いてみたら、「家を建てたい」というわけです。「いやー、大変だぞ」って子供たちに言いながらちょっとうれしい自分もいます。家を建てる活動が実は大好きで、いろいろな所で建てています。この大工の棟梁にお願いしに行きましたが、実を言うと最初は断られました。「子供たちが家を建てたいと言うので、いくつか他の活動をやったこともあります」、と正直に言うと、大丈夫かなと思ってお願いしに行ったら、「大工をなめるな」と言われたわけです。「大工が一人前になるのに何年かかると思っているんだ」と本当に一喝されました。

スライド 2-14

見つけていた建築家の先生が「この方がいい」と言うんでこの棟梁にしたんです。建築家の先生がちょっと頑固で、「あの人じゃなきゃ駄目だ」と言われてあと 2 回お願いに行きました。

そしたら、「一度だけとにかく試しで来てください」ということを了解してくれました。その日子供たちの木工の腕を見てほしいっていうことで 2 時間ぐらいかけ箱を作りました。やっぱりやっている最中にうまくなったりするんですよね、くぎを打てなかった子供が打てるようになったとか。また子供たちがいつの間にかあちこちでこの人のことを「棟梁、棟梁」って呼んでるんです。私たちが、仕込んだわけでもないんですが、「棟梁、棟梁」って呼んで、勝手に弟子入りしてるわけです。それでかわいくなっ

スライド 2-15

スライド 2-16

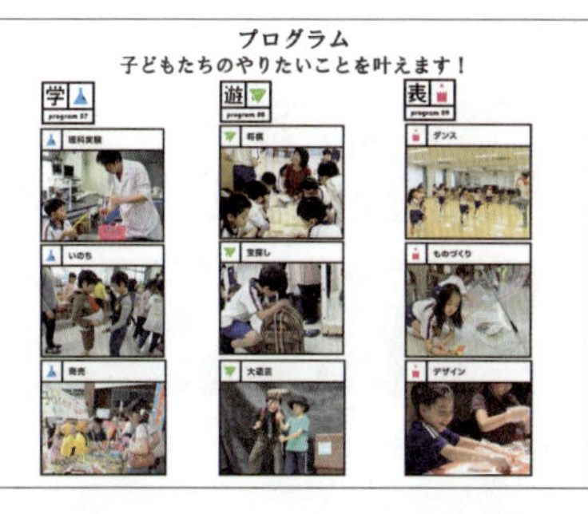

スライド 2-17

ちゃったんだと思うんですが、最後に、「今日、箱を作ったけど、これから家を造るから」といってくれたんです。「やった！」と思いました。結果的には１年ぐらいかけてこの家を完成させました。

家を建てるのは本当になかなか大変なんです。30人ぐらいでずっとやっていますが、途中で嫌になって脱落していく子も居ます。ですがみんなで建てるという目標ができると、高学年が低学年を仕切ってたりするんです。僕らは、それを見ているだけで嬉しくなってきて、みんなで共通の目標ができると一つになるんだなというふうに思いました。

アフタースクールのプログラム

今まで1500人以上の市民先生による300種類以上のプログラムがあります（スライド2-12）。子供たちがやりたいと言うとプログラムになりますので、これからも増えていくと思います。

ジャンルとしては、分けてみると９種類になります（スライド2-15～17）。衣食住の衣は洋服ですとか、ファッションのこととか、高学年のいろいろな取組をすごく重視しています。秋冬は編み物ですね。昔はお家で、お母さんがお嬢さんに編み物を教えるということがありましたが、地域を探せば編み物の得意な方というのは必ず居ますので、お越しいただいています。それから食は、料理をよくやりますが、１年間の終わりに発表会をします。アフタースクールで子供たちがこんなにできるようになりましたと子供たちがレストランを１日出し、それを目標に１年間頑張ろうとやっています。

このように継続して、最後に発表するというのが一つの私たちの組立てになってます。もし皆さまも何か企画をするときは、そんなことも頭に入れてくださるとうれしいなと思います。それから衣食住の住では、建築とか鉄道模型の上手な方、あるいは町歩きをすることもあります。続きまして、スポーツや音楽や文化。スポーツもグラウンドや体育館があるのは学校ならではですので、いろいろなアスリートの人にお越しいただくとか、ドッジボールをしたり、障害児の放課後の活動もやっていますので、ユニバーサルスポーツをみんなでやってみるということもします。

学校は音楽室もありますし、大きな音を出しても大丈夫です。それから文化。日本の文化や、外国人の方には、家族のことや小さい頃やっていた遊びを教えてもらいます。例えばインドでは、こんな鬼ごっこをやるよとか、そういうのを教えてもらうと非常に面白いです。なんでインドではこういう鬼ごっこをやるのかなとか、そういう話をするとその国のことを想像したりしてなかなかいい学びになります。

続きまして、学び、遊び、表現。学びは理科の実験ももちろんありますし、命の大事さを伝える活動をいろいろな形でやっています。これはある妊婦さんが来たときの話です。妊婦さんにお越しいただき、妊娠して今お母さんとしてどんな気持ちかなどの話をしていただきました。あるいは赤ちゃんがおなかに居るという状態を体験してもらおうと、おなかに重りを付けてもらい、子供たちに体験してもらいました。それから商売です。お店を出す体験や、遊びや表現等もしております。ジャンルはこの九つになるかと思います。ときどき有名な方が御協力してくださるケースもあります（スライド2-18）。

社会に開いたアフタースクール

アフタースクールはどうしても、平日の学校でやっていますので基本的にはその学校の子供以外はな

スライド2-18

スライド2-19

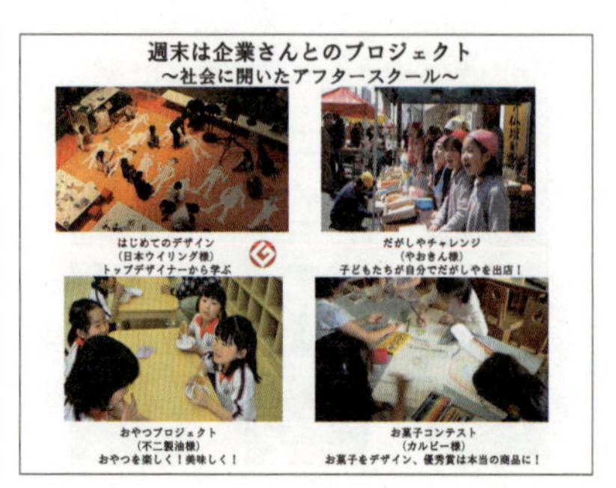

スライド2-20

かなか来られません。隣の小学校まで移動するのは、子供にとって結構大変です。そのため、「うちの学校にはアフタースクールがないので、どうすれば参加できますか」という声も多くあります。週末には企業と連携して誰でも参加ができるプログラムをよくしております。例えば、住友生命の協力で、全国の学童さんにプログラムを届けに行ったり、ハンディのある子供たちや養護施設にプログラムを届けたりします。また、ファッションの会社と協力をして、デザイナーのプログラムを組んだりしています（スライド 2-19）。

それから特に一都三県にはミュージアムや博物館がいっぱいありますが、なかなか行く機会がないので親子でそこに行く企画も行っております。グッドデザイン賞を私たちもいただきましたが、そこの事務局と協力して、審査員、デザイナーの方が講師をしてくれるプログラムをやります。それから是非お勧めしたいのは、駄菓子屋チャレンジです（スライド 2-20）。やおきんといううまい棒の会社が協力してくださって、全国で子供たちが駄菓子屋を出せる仕組みを整えています。例えば商店街や PTA の祭りに出し、子供たちが売るという体験をします。子供の集中は 15 分とよくいいます。確かに一面そうですが、一方夢中になったことは何時間でもやるというのがまた子供なんです。私たちのホームページから申し込みもできますので、是非よかったらやってみてください。

お菓子コンテストは、カルビーと連携し、これまでに 4 回やっています。この間表彰式があり、お菓子を自分でデザインして応募すると、優秀作品三つぐらいを本当の商品にしてくれます。もちろんパッケージも中身もあって、カルビーがプライドにかけておいしくしてくれます。残念ながら持って帰れないのでその場で食べて終わりなんですが自分の書いたものがお菓子になって子供も感激します。

その他にも、例えばアルビオンという化粧品の会社では化粧品の技術を生かした理科実験（スライド 2-21）。銀行では銀行の活動紹介、銀行体験などを行っています。それから行政とは重度障害児の放課後の活動を御一緒したり、総合学習を一緒にお手伝いさせていただいています（スライド 2-22）。文科省と放課後の実証研究も進めています。コミュティデザインでは、最近コミュニティがないということが課題になり、行政やデベロッパーと、タワーマンションでコミニティづくりをしてみんなで子供を育てるということをやったりしています（スライド 2-23）。

それから遠足が好きでやっています。なかなか親子では行けないような場所も、まとめて交渉すれば行けたり、NPO だと話を聞いてもらえるケースがあります。是非皆さんの地域でもやってもらいたいと思います。最近は、大学に行くのが好きで、小学生の親子が大学に行きます（スライド 2-25）。日にちや時間は様々で、夏休みにやることもありますし土曜日もありますが、なるべく大学生が居る日に行ったほうが面白いです。内容は、教授の方にお願いして授業を受けます。子供向け経営学などを特別に作ってもらったり、大学生クイズをやります。「大学生って、実は自分で休みを決められてるらしいよ」とか言うと、「ええ、うらやましい」みたいな感じになるんですよね。お昼を学食に食べに行きますが、そこで食券を買うわけです。お昼ごはんが選べるということに小学生は尊敬の念を抱いていて、「大学生っていいね、すごいな」と思って帰るんですよね。親御さんも、これで勉強のモチベーションが上がるかなと喜んでいます。子供たちが大学って面白そうだと思えばいいことだなと思っています。

被災地の子供たちは、釜石、大槌辺りの高校生に、お店を出すための起業を体験し、最後は東京で売

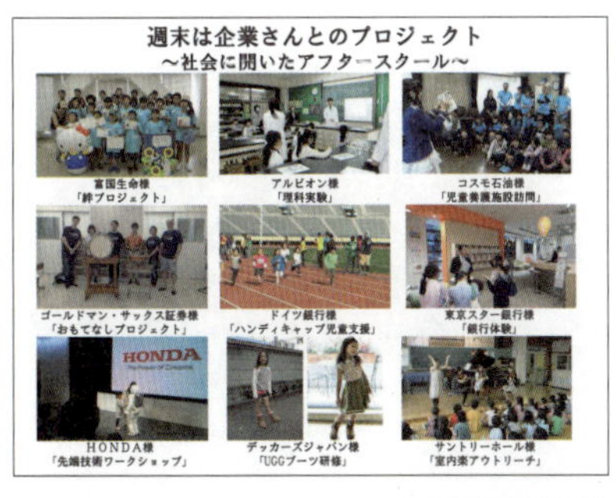

スライド 2-21

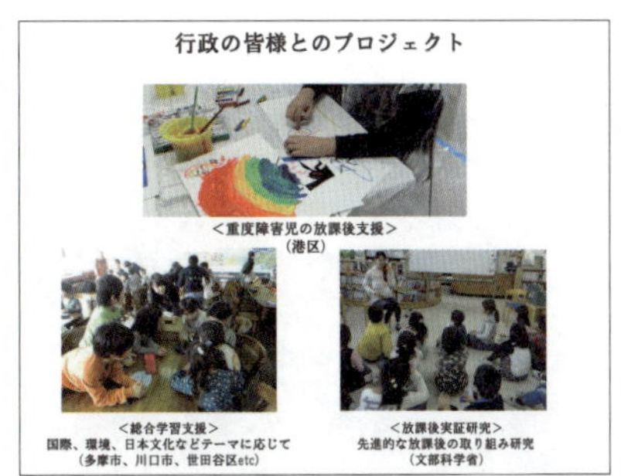

スライド 2-22

スライド 2-23

るという起業の体験をする活動をしています（スライド 2-26）。

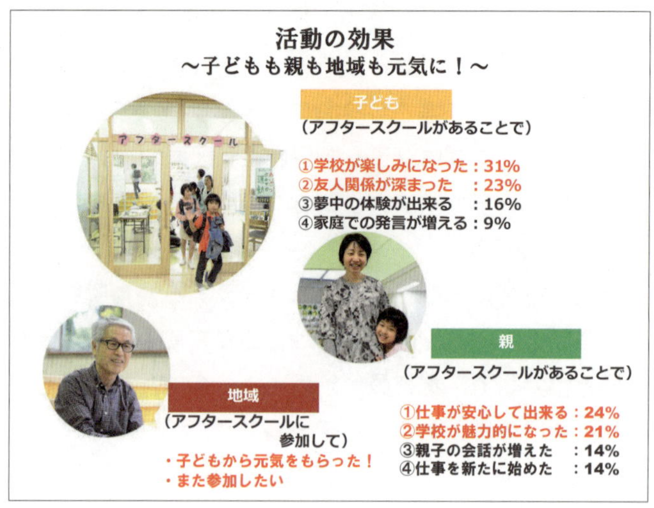

スライド 2-24

みんな絶対にいいところがある

アフタースクールでは、「みんな絶対にいいところがある」ということを強く信じています（スライド 2-27）。当然ですが、教育活動や家庭のしつけにおいては褒めて育てようと思いながらも、注意していることが多くあります。放課後は、苦手なことやできないことは置いておいて、みんなのいいところを探そうということにしています。ちなみに毎日、アフタースクールのスタッフは、子供たちのよかった点を三つぐらい書いて帰ります。「今日誰々くんが、実はこんなことをしてました」、ということを書きため、1カ月間で月間 MVP を選ぶ形で表彰しています。

「今月の『いいね』は何とかくんです」と表彰をして貼り出し、ちゃんとお渡しもしますので、家庭に帰るとまた親御さんに褒められます。照れくさそうにしていますが、子供たちはものすごく気にしてるという話も聞きます。やはり褒められるとうれしいですよね。活動の効果としては、子供も親も地域もみんなが元気になるということが大事だと思っています（スライド 2-24）。子供たちは、やっぱり学校が楽しみになるといいます。放課後が楽しいので、友だちといっぱい過ごせるし、学校が楽しみになる。学校の授業自体も何となく楽しみになる。これは土曜日もまさに共通だと思っています。土曜日は是非、何か子供たちが楽しく、学校に前向きに来れるようなことをして、月曜日から金曜日までの学習活動にいい影響が出るように考えています。

子供たちに放課後や夏休みに何をやりたいですか、と言ったときに、皆さん、どういう答えが来ると思いますか。ちょっと想像してみてください。例えば、みんなでプールに行きたいとか、公園に行きたいとか、サッカーやりたい、スポーツやりたい、いろいろな声があります。実を言うと、そこに一番多く書かれてるキーワードは「友だちと」っていう言葉です。「何をやりたいか」ではなく、「誰とやりたいか」あるいは「みんなで遊びたい」。これが子供たちの切なる願いなのかと思います。ですから学童の子供たちと遊べなくて寂しいというような言葉をなくしたい。もちろんいろいろな制度や仕組みがありますから、そんなに簡単なものではありませんが、なるべくみんなで過ごしたいと思ってる子供たちの願いを何とかかなえてあげたいなと思って活動しています。

まとめ

最後にまとめをさせていただきます。まずは市民先生を一生懸命探すこと。まさに私たちもコーディネーターです。では、良いコーディネーターはどんな方かというと、「FBI」と書けます。フットワーク、

スライド 2-25

スライド 2-26

スライド 2-27

バランス、IT ということです（スライド 2-28）。フットワーク。やはりコーディネーターはいろいろな意味でアンテナが高くて、いろいろな所を動き回ることが必要です。それからバランス。中立性がすごく大事で、やはりいろいろないい活動もありますが、時には子供たちの危険を守らなきゃいけないという側面もあります。あるいは特定の活動ばかりやるというわけにもいきません。中立性が求められますので、やはり NPO や中間的な立場の人がコーディネーションすることがうまくいくコツです。保護者の方や先生が直接コーディネーターをするのが難しいのは、この点からだと思います。最近はやはり IT。そんなにすごい IT スキルというわけではなく、メールができる方はどんどん増えているとは思いますが、やはり必要です。それに、コミュニケーションがあるということです。

そして土曜日はどんなことができるかのキーワードは「カキクケコ」にしました（スライド 2-29）。「カ」は学校独自で、土曜日ですから、月曜日から金曜日までに加えてもう少し各地域のオリジナリティーがあっていいと思います。「キ」は企業です。やはり企業が休みの土曜日は、チャンスですので、企業を是非巻き込んでもらいたいなと思います。企業も、どちらかというとやりたがっています。それから「ク」がグループ。いつもとグループをちょっと変えてみます。特に土曜日はせっかくなのでクラスの枠組みを変える、特に異年齢で、例えば 3 学年まとめて何かの学びをするとかあるいは学び合いをしてもいいかもしれません。

「ケ」が継続して発表するというモデルです。例えば 1 回限りの、食のプログラムもできますが、やはり 3 カ月後や半年後に、君たちがレストランをやるんだよといった動機付けは非常にききます。継続をして発表をし、最後にフィードバックを得るというところに学びもあります。「継続×発表」は、私たちの基本中の基本にしているところです。それから「コ」は校外学習。せっかく時間もある土曜日はいろいろなところに行けるので、外に行くということもやってみる。そして、重要なキーワードは、子供たちに何をやりたいか聞いてみるということです。

実は昨年もこの場で、どういう活動から始めたらいいですかという質問を受けましたが、このように答えました。悩んで、大人がいろいろ考えるよりは、子供がやりたいことを聞いて出てきたものをやってみるのが一番いいです。周囲の人を巻き込むコツでもあります。「子供たちがやりたいって言うんですよね」に勝る口説き文句はないと思いますので、是非これをキーワードにやってもらえればと思います。「社会で子供を育てる」を私たちのスローガンにしてますが、社会にはたくさんのリソースがあふれてますので、これを子供たちの学びにして、子供たちが本当に皆さんに見守られて幸せになるようにしたいと思っております（スライド 2-30）。

今日、いろいろな自治体の皆さまもいらっしゃってると思います。私たちアフタースクールでお手伝いさせてもらえる自治体を常に探しております。ちょっとうちでも試してみようかと、何かしらやってみようかということがありましたら、遠慮なく声を掛けてください。今すぐ飛んでいく状態でおりますので、是非お願いしたいと思います。それでは私の発表は以上です。ありがとうございます。

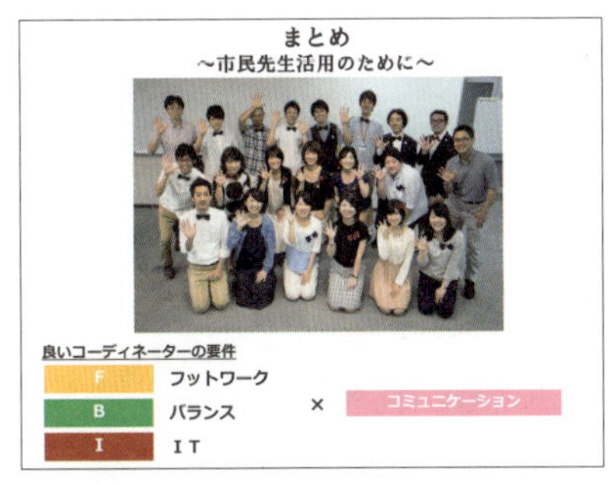

スライド 2-28

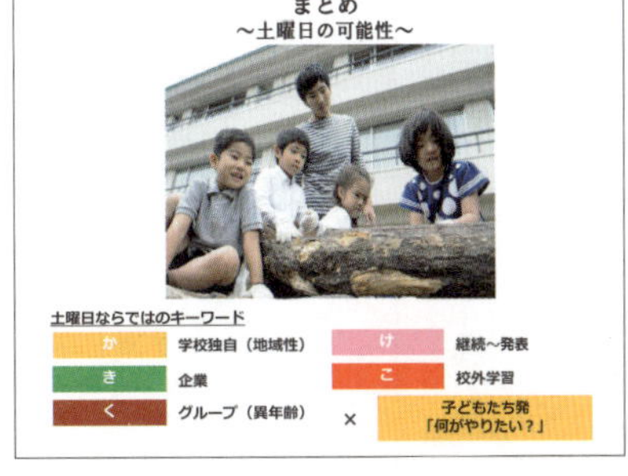

スライド 2-29

スライド 2-30

報告 3

北海道家庭教育サポート企業等制度について

北海道教育庁後志（しりべし）教育局教育支援課社会教育指導班主査

講師：**五十嵐（いがらし）　秀介（しゅうすけ）** 氏

昭和 44（1969）年，札幌市生まれ。平成 6（1994）年，北海道公立学校教諭。平成 14（2002）年，北海道教育庁社会教育主事。平成 18（2006）年，国立教育政策研究所社会教育実践研究センター専門調査員。平成 22（2010）年，北海道教育庁生涯学習推進局生涯学習課主査。平成 25（2013）年から現職。

制度の概要

本日はこれから北海道家庭教育サポート企業等制度の概要について紹介させていただき、現在の取組状況、成果と今後の方向性を皆さん方に紹介させていただきたいと思います。1 枚目の制度の概要について御覧いただければと思います。北海道教育委員会では、家庭教育を支援するための職場の環境づくりに取り組んでいる企業等と、協定を締結しまして、相互に協力しながら北海道における家庭教育支援の一層の推進を図ることを目的に、平成 18（2006）年度からこの家庭教育サポート企業等制度に取り組んでおります（P33）。

この制度の背景には、深刻化する少子化や超高齢化といった社会課題を解決するために制定されています、「次世代育成支援対策推進法」それから「少子化対策基本法」といった二つの法律の施行を受けて、この制度が成り立っております。協定を締結する企業等では、職場の子育て環境づくりや子供たちの職場見学、それから職場体験の実施などに取り組むことを計画で示していただいています。資料に具体的な内容が書かれています（P34）。要綱の中に、取組内容ということで、取組 1 番から 6 番まで書かれております。この中から企業に、1 番から 4 番までの中で一つ以上、それから 5 番と 6 番の中から一つ以上、合計で二つ以上の取組を宣言していただき協定を締結するというような制度となっています。

現在の取組状況

平成 26（2014）年の 11 月 1 日現在で、協定の締結企業数が全道で 1723 社と、非常に多くの企業と締結をさせていただいています（スライド 3-01）。平成 18（2006）年度からこの制度が始まっていますが、1 年目は 105 社でした。その年に、北海道の長期計画が策定され平成 24（2012）年度までの 5 年間で、630 社に増やそうという目標、指標が立てられました。平成 24（2012）年度で既に 1300 社ぐらいの締結となり、締結数が目標の倍近くになったということで、更に

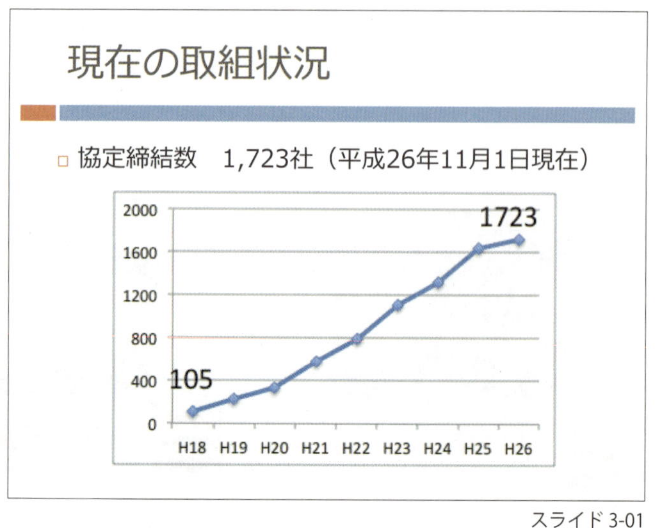

スライド 3-01

それを平成29（2017）年度までに2500社という目標指標を設定して、現在取り組んでいる状況です。

ただ平成18（2006）年にこの制度が立ち上がり1社、1社、コツコツ、コツコツと企業数を増やした担当者の努力はありましたが、その時私は平成18（2006）年度から3年間、社会教育実践研究センターの職員として勤務していたため、最初の出だしの大変さが分からないまま、ある程度基盤づくりができた上で今取り組んでいる状況です。参考までに協定締結の流れを説明しますと、制度の趣旨に賛同していただいた企業から計画書を提出していただき、それを北海道の教育長が1枚、1枚、確認をします。確認した後に教育長のほうで直筆でサインをして、その協定書が各教育局にまた送り戻されていきます。それをもって各教育局の幹部、局長が担当者と一緒に、その企業にお邪魔して、そこで企業の方に協定書にサインをしていただき、晴れて協定締結という流れを現在とっております（スライド3-03）。

現在の取組状況

ほっかいどう
学力・体力向上運動
・・・ 道民・保護者 向けのページ ・・・
学力向上
体力向上
生活習慣
文武両道

スライド3-02

これも周辺情報になりますが、北海道の子供たちに目を転じてみますと、国のいろいろな調査の結果から学力や体力の面で生活習慣に大きな課題があるということが明らかになっています。昨年、6月から北海道、北海道教育委員会を挙げて子供たちの学力、体力を向上させていこうと、北海道学力・体力向上運動というものに取り組んでいます（スライド3-02）。日本ハムファイターズの大谷翔平選手をモデルに起用してポスターを作って、普及・啓発活動を行っています。

この学力向上、体力向上、生活習慣の取組を道教委の施策として一番力を入れて進めていますが、その中にも生活習慣のところで家庭教育サポート企業の取組を位置付けて現在行っているような状況でございます。

報告3

様々な取組

これから様々な具体的な取組を紹介させていただきますが、三つの視点で紹介をしていきたいなと思います。まず一つが企業独自の取組をいくつか紹介いたします。複数の企業が連携した取組をその後紹介して、更に行政等と連携した取組を紹介をさせていただきたいと考えております。

まず企業独自の取組です（スライド3-06）。このサポート企業制度はいわゆる内向きの取組で、企業に社員、従業員の子育て環境をきちっとしてください、それに対して行政、道教委がお手伝いしますという取組で行っています。ですので、会社で子育てをしている従業員が居れば学校行事に参加しやすい会社づくりに努めていただいたり、子育てしやすい状況をつくっていただくといった趣旨が大きな一つとしてあります。企業によっては、例えば学校教育への支援活動に一生懸命取り組んでいただいたり、

協定締結の様子

スライド3-03

様々な取組

□複数の企業が連携した取組
●自主ネットワーク組織の形成
●合同研修会
●出前授業、ラジオ体操会など

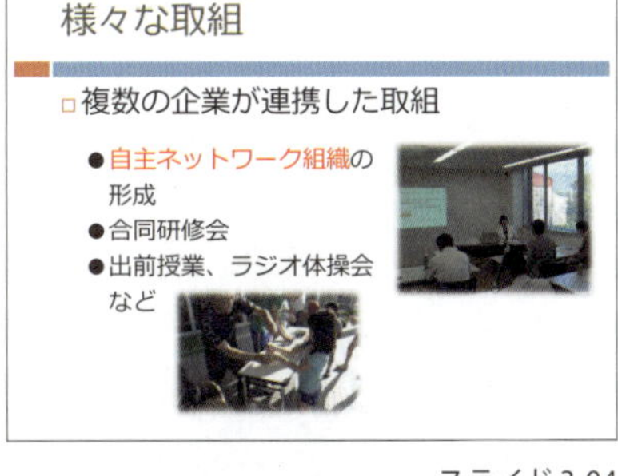

スライド3-04

特色ある事例

□「早起き・職場見学デー」
・協力企業：北海道銀行
□「読書推進プロジェクト」
・協力企業：(株)北海道フットボールクラブ
□「早寝早起き朝ごはん運動」
・協力企業：雪印メグミルク株式会社

スライド3-05

地域活動に取り組んでいただいている企業も非常に多くあります。その中で、土曜日の教育支援活動への参画に関わって、二つ紹介をさせていただきたいと思います。

一つが、空知管内栗山町の事例で、本日も栗山町からわざわざこのシンポジウムに出席していただいている社会教育主事の方が居ます。この「サポート企業だより」の、37号の4ページをお開きいただきたいと思いますけれども、「土曜授業でふるさと体験教育」という事例が掲載されているかと思います（P36）。栗山町は、町ぐるみでこのサポート企業制度に賛同していただいて、非常に多くのサポート企業があります。で、そのサポート企業が学校教育を支援しようと、いろいろと学校教育に参画しています。学校のカリキュラムに位置付けられている土曜授業に栗山町の共立道路株式会社が参画し、アスファルト道路についての授業を行っているというような事例が、このサポート企業だよりに掲載をされております。またこの共立道路株式会社以外にも、サポート企業になっている企業が土曜授業に参画しているというような事例があります。

様々な取組

□ 企業独自の取組

- 学校行事などに、子育て中の従業員が参加しやすい職場環境づくり
- 学校支援活動
- 地域活動　など

スライド 3-06

特色ある事例

□ 「さぽネットしりべし」の取組

- 後志管内のサポート企業のネットワーク組織
- 「研修交流会」、「地域行事への協力」、「行政が行う事業への協力」等の取組
- 新たなネットワーク機能の拡充

スライド 3-07

もう一つ。私の居る後志管内の泊村、茅沼建設工業株式会社の事例です（P38）。これは土曜日の教育活動への支援ではありませんが、学校の授業に茅沼建設工業株式会社が積極的に参画して、学校と連携して「体験して学ぶもの作りの世界」という取組を行っています。村の小学校以外にも、近接する町にも行って出前授業を行い、例えば道路の作り方の講義を行ったり重機に子供たちを乗せて体験学習をさせたり、アーチ橋作りを実際に行って橋の構造を勉強したりと積極的に学校の教育に支援している企業もあります。

こういったそれぞれ企業独自の取組とともに複数の企業が連携した取組もあります（スライド3-04）。自主ネットワーク組織の形成で、今北海道は、サポート企業が自主的に数社集まって作ったネットワーク組織が6組織あります。私が居る後志管内にも二つ、組織をつくって自主的に活動している団体があります。そういった団体が皆さん集まって、例えば合同の研修会を実施したり、もしくは出前授業とかラジオ体操会を行っているという事例がございます。

具体的に、後志にあります「さぽネットしりべし」の取組について紹介をさせていただきます（スライド3-07）。これは後志管内のサポート企業が11社集まってネットワーク組織を作っています。子供たちのために何かしようと集まって研修会を年3回程度行ったり、雪が非常に多い倶知安町で2月に雪トピアフェスティバルという大きな雪祭りのような地域行事にサポート企業がイベントを一つ設けて、子供たちを集めて楽しい事業を行ったりしています。そのほかにも、行政が行う事業への参加や協力というようなものもあります。

先ほど、平岩さんの話にもありましたが、企業はもともと子供たちのために何とかしてあげたいんだというようなところが非常に多く、ただ何をしていいのか分からないとか、学校とどういうふうにつな

がっていけばいいのか分からないというような企業も、中にはありました。私ども、北海道教育委員会の社会教育主事がコーディネーター役になって、企業の方と市町村の社会教育主事、企画、立案のプロという立場の、市町村の社会教育主事の方と交流を持たせる。いわゆる新しいネットワークをつくって、こんな所でこんなことをやれば子供たち、集まってくるよとか。こういうふうにやれば学校と連携できますよというような、そういったつながりを持たせるために、後志では新たなネットワーク企業を広げていくために行政の職員と企業をつなげるような動きを行っています。

〔社会教育主事との合同研修会（12月13日）〕

スライド 3-08

まさに、先週の土曜日に社会教育主事との合同研修会を後志で行っており、札幌から大学の先生を呼んで、講義をしていただき、その後に社会教育主事と企業の方との交流の場というものを作ったところです（スライド 3-08）。

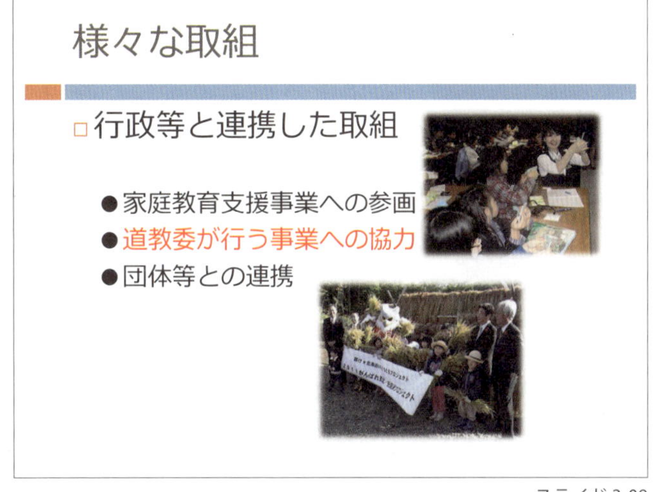

スライド 3-09

具体的な取組の三つ目として、行政等と連携した取組というものを行っています（スライド 3-09）。これについては行政が行う家庭教育支援事業への企業の参画。それから道教委が行う事業へ協力していただく、団体間の連携といった取組があります。北海道銀行の所に子供たちとその保護者を連れて行って札勘（お札を数える体験）をし、金融教育を含めながら体験活動も行います。北海道銀行もサポート企業ですので、そういった家庭教育支援を親子で学ぶ機会を持つ授業へ参画していただいています。

コンサドーレ札幌の大会、試合がある日に家で読まなくなった本を会場に 1 ～ 2 冊持ってきてもらって、集まった本をクリーニングして、東北の被災地の図書館や道内の各市町村で本が足りない所に送ったりというような動きもしています。読書推進プロジェクト、本を集めようキャンペーンという記事の内容です（スライド 3-05）。北海道教育委員会と北海道フットボールクラブと JA と、北海道教育大学の 4 者が連携した取組では、米を作って、秋、稲刈りをして、その米を東北の被災地にメッセージを添えて送るという取組をサポート企業が中心となって行っています。こういう様々な特色ある事例にサポート企業がいろいろと参画して事業を実施しているというような状況です。

取組の成果

こうした取組の成果は、行政側と企業側、それぞれで見ていきます。まず、もちろん目標を上回るぐらいのアウトプットの状況、協定締結数があります。それから企業内の取組から社会貢献としての教育支援活動に広がっている。内向きの取組から、どちらかというと地域、外に向かった取組がどんどん見られています。それぞれそうした会社が集まってネットワークをつくることによって、活動の拡充が見られています。教育課題の解決に向けた施策が、いろいろな部分で充実してきており、例えば読書について、それから学力向上について教育課題の解決に向けた施策が充実しています。

もう一つが、どうすれば家庭教育支援につながっていくのか頭を悩ませている行政の方が居ると思いますが、実際に家庭を持つ企業にアプローチすることによって、家庭教育支援の強力なアプローチの手段としてこの制度が活用できる取組であると考えています。特に社会教育主事の普及、啓発活動というものが非常に大きく、このサポート企業制度はゼロ予算で行っています（スライド 3-10）。予算がないためあまり大々的なことはできませんが、それぞれの管内に居る社会教育主事が、足で歩いて企業一社一社に働き掛けをしてどんどん増やしていく取組を行っています。チラシは、それぞれの各管内で普及、啓発用に作られたもので胆振（いぶり）管内で作っているチラシも独自の取組として、この制度を盛り上げるために社会教育主事が活動しています。プラスチックで作ったステッカーも企業に歩いて回り、これも貼ってくださいと啓発活動を行っているような状況です。

取組の成果～行政

□社会教育主事の普及･啓発活動

スライド 3-10

企業側の成果としては、もちろん地域の課題解決に向けた主体的な関わりが見られたり、企業便りにも見ていただいたとおり、活動活性化が見られます。それから従業員のこうした取組によってモチベーションが上がったり従業員と行政の距離の短縮というような要素も見られます。

今後の方向性

□自前主義ではない仕組みづくり
□更なる拡充による機運の醸成
□企業主体の取組の促進
□各地域でのネットワークの形成

スライド 3-11

今後の方向性

最後に、今後の方向性としては、それぞれの企業が持っているもので勝負をするというのはもちろん必要ですが、例えば、食べ物屋さんであったり建設業であったりホテル業であったり、そういった異業種の企業が集まって、それぞれの持ち味を生かした事業に取り組むという仕組みづくりが必要ではないかと言われています（スライド 3-11）。それから、さらなる拡充による機運の醸成。もちろん企業数を増やしていき、子育て環境づくりの企業が増える、イコール家庭教育支援の充実が図られているということも一ついえることですので、そういった醸成にも努めていかなければならないと考えています。行政がきっかけを作り、企業に取り組んでいただいていますが、どんどん企業にも主体的に取り組んでいただく、そういった促進する取組も必要なのかなと考えています。

最後は各地域でのネットワークの形成ということで、今 4 管内六つのネットワーク組織があります。それを徐々に増やしていき、いろいろな子供たちの活動を充実させるための企業の動きになっていけばいいかなと考えています。以上、北海道家庭教育サポート企業制度のシンボルマークを皆さんに見ていただいて、紹介を終わりたいと思います。ありがとうございました。

北海道家庭教育サポート企業等制度の概要

家庭教育を支援するための職場環境づくりに取り組む企業等と協定を締結し、相互に協力して、北海道における家庭教育支援の一層の推進を図るための制度

次世代育成支援対策推進法(H15)

事業主は、従業員の仕事と家庭の両立等に関し、行動計画策定指針に即して、目標、目標達成のために事業主が講じる措置の内容等を記載した行動計画を策定すること。

少子化対策基本法(H15)

事業主は、子どもを生み、育てる者が充実した職業生活を営みつつ豊かな家庭生活を享受することができるよう、国又は地方公共団体が実施する少子化に対処するための施策に協力するとともに、必要な雇用環境の整備に努めるものとする。

家庭教育支援を一層推進するために、行政と企業で協定を結び、企業が家庭教育や社会教育の重要を認識し、自ら積極的に参加し、またその従業員に学校教育や社会教育への参画を促すことを目的に発足

協定締結企業数

18年度	105社
19年度	228社
20年度	333社
21年度	578社
22年度	789社
23年度	1107社
24年度	1324社
25年度	1645社
26年度(11月1日現在)	1723社

企業等

- **取組1** 職場の子育て環境づくり
- **取組2** 職場見学・体験の実施
- **取組3** 地域行事への協力・支援
- **取組4** 学校行事への参加促進
- **取組5** 生活リズム向上の取組
- **取組6** 「道民家庭の日」等の普及

(1~4·5~6からそれぞれ1項目以上の取組)

道教委

企業に対する支援

- ○協定締結企業等の家庭教育に関する取組を教育委員会が所管するホームページに掲載
- ○協定締結企業等に家庭教育に関する啓発資料を配布
- ○協定締結企業等が従業員のために開催する研修会に講師を派遣

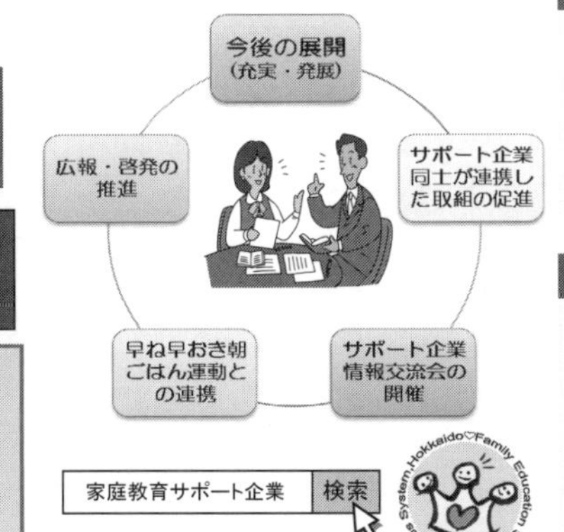

北海道家庭教育サポート企業等制度ロゴマーク

事例1 土曜日の教育活動への支援

・複数のサポート企業が連携し、学校や教育委員会が主体となって実施する土曜日の教育活動への支援を行っています。

士別市「しべつ土曜子ども文化村」

事例2 自主研修会・交流会の開催

・協定を締結している企業同士が、自主的なネットワーク組織を立ち上げ、地域活動への協力、自主研修会の開催など、様々な活動に取り組んでいます。

さぽネットしりべし「研修交流会」

報告3

北海道家庭教育サポート企業等制度実施要綱

（平成１８年９月６日教育長決定）

（平成２３年１月１８日一部改正）

第１　目的

この要綱は、家庭教育を支援するための職場環境づくりに取り組む企業等が北海道教育委員会教育長と協定を締結し、相互に協力の上、北海道における家庭教育の一層の推進を図ることを目的とする。

第２　取組内容

北海道教育委員会教育長（以下「教育長」という。）と家庭教育の推進に関する協定（以下「協定」という。）を締結する企業等（以下「協定締結企業等」という。）は、次に掲げる取組１から取組４までのうちから１項目以上並びに取組５及び取組６のうちから１項目以上に取り組まなければならない。

取組	項目	取組概要
1	職場の子育て環境づくり	従業員を対象に家庭教育の職場研修等を開催したり、家庭教育に関する資料等を掲示したりするなど、企業等が家庭教育の推進や子育てを支援するための環境づくりの取組を進める。
2	職場見学や職場体験の実施	子どもたちを対象とした職場見学や職場体験を実施するなど、働くことの意義について考えたり、話し合う機会をつくるための取組を進める。
3	地域行事への協力・支援	子どもたちが参加する地域行事の企画・運営を行ったり、物的・人的な協力を行うなど、企業等が地域住民の一員として地域行事への協力・支援を行うための取組を進める。
4	学校行事への参加促進	従業員が参観日等の学校行事へ参加することができるように、企業等が従業員に対して働きかけを行ったり、休暇を取りやすくするための職場環境づくりの取組を進める。
5	生活リズム向上の取組	従業員の家庭において、子どもが早寝、早起きをし、親子で朝ごはんをとるように働きかけを行うなど、子どもの生活リズムを向上させるための取組を進める。
6	「道民家庭の日」等の普及	従業員に対して毎月第3日曜日の「道民家庭の日」や毎年11月1日の「北海道教育の日」を普及・啓発するとともに、「道民家庭の日」には家族の団らんの日として、職場の行事等を実施しない取組を進める。

第３　協定の申込み

企業等は、協定の申込みをするときは、北海道家庭教育サポート企業等制度申込書（別記第１号様式）及び北海道家庭教育サポート企業等制度取組計画書（別記第２号様式）を教育長に提出しなければならない。

第４　協定の締結

１　教育長は、企業等から第３に規定する申込みがあった場合で、当該申込みの内容が適正であると認めたときは、北海道家庭教育サポート企業等制度協定書（別記第３号様式。以下「協定書」という。）により速やかに当該企業等と協定書を締結するものとする。

２　教育長は、前記１により企業等と協定を締結した場合、北海道家庭教育サポート企業等登録簿（別記第４号様式）に該当企業等の名称を登録し、その旨を公表するものとする。

３　企業等は、前記１により教育長と協定を締結した場合は、当該企業等の従業員にその旨を周知するものとする。

第５　協定の期間

協定の期間は、協定締結の日から起算して２年を経過した日の属する年度の末日までとする。ただし、期間満了時に協定締結企業等から申し出がない場合は、同一の条件で更新するものとする。

第６　取組の支援

教育長は、協定締結企業等から当該企業等の家庭教育に対する取組に関し、申出があった場合は、次に掲げる支援を行うことができる。

１　協定締結企業等の家庭教育に関する取組を教育委員会が所管するホームページ等に掲載すること。

２　家庭教育に関する啓発資料を協定締結企業等に配布すること。

３　協定締結企業等が従業員のために開催する職場研修等に講師を派遣すること。

第７　取組状況の報告

協定締結企業等は、北海道家庭教育サポート企業等制度取組状況報告書（別記第５号様式）により、当該年度の取組状況を毎年度終了後３０日以内に教育長に報告するものとする。

第８　協定内容の変更

協定締結企業等は、協定内容に変更があった場合、その旨を届け出なければならない。

第９　協定の解除

１　協定締結企業等は、申出により協定を解除することができる。

２　協定締結企業等が次に掲げる要件のいずれかに該当するときは、教育長は、協定を解除し、その旨を公表することができる。

（１）協定書に定める取組を履行していない、又は怠っていると認めたとき。

（２）（１）に掲げる場合のほか、協定に違反し、その違反により協定の目的を達しがたいと認めたとき。

（３）上記のほか、信用失墜行為があったと認めたとき。

第10　協定書の返還

第９の１及び２により協定が解除された場合は、協定締結企業等は、速やかに協定書を教育長に返還しなければならない。

第11　その他

この要綱に定めるもののほか、この要綱の施行に関し必要な事項は、生涯学習推進局長が別に定める。

附　則

この要綱は、平成１８年９月６日から施行する。

附　則

この要綱の一部改正は、平成２３年１月１８日から施行する。

家庭教育サポート企業だより

みんなで応援しよう家庭教育

北海道教育庁生涯学習推進局生涯学習課
発行　H26．6．23　No.37

写真：株式会社セントラルビルサービス主催「くしろ子ども未来塾」活動風景

もくじ

☆きらり☆～地域で輝く企業～

認定NPO法人　どんころ野外学校
～自然共生型の地域活動～

のんびりゆっくり森の中で遊び、小さな発見をする子どもたち

認定NPO法人どんころ野外学校は、野外活動を通して自然の素晴らしさ、楽しさ、厳しさを多くの人達に伝えるため、そして、その野外活動を支える指導者を育てるために、南富良野町落合でカヌー、ラフティングツアー等の野外体験活動を行っています。野外活動を通して人と人のつながりを国内外へと広げ、活動内容も自然共生型の地域活動へと活動の幅を広げようとしています。その活動の一つとして、地域に住む親子を対象に「どんぐり森のようちえん」を実施し、親子のはじめての森あそびをお手伝いしています。

また、家庭教育の支援にも積極的に取り組み、子どもをもつ職員が学校行事に参加するよう働きかけることはもちろん、他の職員に対しても、学校行事に参加することが過疎地域における住民のつとめであることを伝えたり、職員同士が子育ての悩みを共有できる場を設けています。

そのほかにも、町内会の支援を受けながら、地域のスポーツ施設の一部屋を子どもや親子に開放し、子どもの居場所づくりを行っています。また、上川23ネットが行う「家読の輪」に参加し、子どもたちの望ましい読書習慣の定着に向け、ブックシェアリングなどの取組を行っています。

ブックシェアリングから届いた本に喜ぶ子どもたち

認定NPO法人
どんころ野外学校
■住所
空知郡南富良野町落合1074
■業務内容
野外体験
総合型地域スポーツクラブ事業
■協定締結日
平成19年3月23日
■取組内容
「道民家庭の日」ポスター掲示
「道民家庭の日」協賛
「家読の輪」に参加

上川管内

- 1 -

「地域発」～はじめまして新企業です～

能登谷建設株式会社　昭和43年1月　設立

能登谷建設は、設立以来「きめの細かい建設業」をモットーに地域の方に役立つ取組をすすめています。

平成21年6月に新分野として「音響部門」を設立し、『あっさぶふるさと夏まつり』『農協大収穫祭』で音響機器を貸出し、社員が操作を行うなど会社全体で祭りを盛り上げています。普段の活動では、社内に道民家庭の日のポスターを貼るなど意識啓発をしています。参観日には学校が会社から近いこともあり内勤の職員が気軽に参加することができています。社内では、子どもの話題で盛り上がり笑い声が響くこともしばしばです。

能登谷建設は、本業の建設のみならず、近隣町村でのイベント、子育て世代の社員へのサポートなどで、「きめ細かく」貢献したいと考えています。

あっさぶふるさと夏祭り　農協大収穫祭　巨大コロッケ

檜山管内

「地域発」我が社の子育て環境づくり

企業と地域でつくる「サマースクール」の取組

島崎建設株式会社【苫小牧市】

学習の時間の様子

苫小牧市の「島崎建設株式会社」では、総合型地域スポーツクラブとの連携で、子どもたちの望ましい生活習慣の定着を図る事業「サマースクール」を実施し、地域における子育て環境づくりを推進しています。

この事業は、代表取締役の島崎鶴松氏がクラブマネージャーを務める「とまこまい・あそび塾」と同社の従業員が中心となり、夏休み期間の午前中、地域の小学生を対象に、学習プログラムと運動プログラムを実施するもので、子どもたちの生活リズムを整え、文武両道の子どもたちを育むと同時に、地域における子育て環境を整えることを目的としています。

平成25年度は、27名の児童の参加のもと、市内の小学校を会場として開催し、運動プログラムではニュースポーツ「ユニホック」の講習会を実施しました。

参加した子どもたちや地域住民からの期待も大きく、島崎建設では今後もプログラムを工夫しながら実施していくこととしています。

胆振管内

- 2 -

家庭教育支援の輪を広げる

石狩管内

子どもたちのために…

恵庭市の「学校法人リズム学園恵庭幼稚園」（井内　聖　園長）は、今年1月19日（日）に協定を締結しました。井内園長は、石狩管内「親力」つむぎ検討チーム員を引き受けるなど、地域の教育環境の向上や地域づくりに高い関心を持っており、地域との密接な関わりを持ち続けてきました。また、北海道家庭教育サポート企業等の一員として地域の子どもや家庭教育を支える輪に加わり、さらに活躍を続けています。

井内園長のお話より

恵庭幼稚園は、「子育て支援」が「子育てサービス」であってはならない、基本的に子どもは親が育てるものというスタンスですが、親だけでは大変なものです。この課題を解決するためには、①サロン的なもの（気軽に立ち寄れる）、②親同士がつながるもの（世界が広がる）、③親自身が成長するもの（親として自分に自信が持てる）、④気分転換できるもの（子育てを楽しむ心の余裕ができる）など、親子が集える場が必要ではないかと考え、いろいろな出会いや学びの場をつくっています。例えば、「子育て講座」があります。

恵庭幼稚園子育て支援パンフレットより

子育て講座とは？

年12回、地域の子育て中の保護者を対象に、いろいろな分野の専門家や講師を招いて講座を開講しています。子育てに関すること、学校に関すること、子どもの発達に関すること、食に関すること、運動に関すること、小学校との繋がりに関すること、歯に関すること、絵本に関すること、子どもの遊びに関すること、幼児教育、救急救命などがテーマです。真剣に話を聞いている人がほとんどであり、内容によっては涙を流す人もいます。子育てを通して成長する自分に気付いたり、共に成長する仲間を持つことができるなどの良さがあります。

井内園長は、「子どもは幼稚園だけでは育たない。保護者、地域と一緒に、みんなで子どもを育てる環境をつくることが大切」とエネルギッシュに語っていました。

「恵庭に住むお母さんと子どもたちの笑顔を増やしたい」

～いろんな笑顔に会える場所～

新・情報館　新たなネットワークづくりに挑む！

学校・社会教育委員・家庭教育サポート企業の連携による

土曜授業でふるさと体験教育

空知管内（栗山町）

共立道路株式会社

栗山町では、今年度から継立（つぎたて）小学校と角田（かくた）小学校でそれぞれ10回程度、自然体験活動や農業体験などの土曜授業を開催し、「ふるさと体験教育」の充実を図ることとしています。

継立（つぎたて）小学校では、地域の伝統・文化・産業を体験的に学ぶ機会とすることを土曜授業の目的としており、家庭教育サポート企業の共立道路株式会社と町の社会教育委員が連携を図りながら、土曜授業の内容について学校と協議し、第1回目は「アスファルト道路」についての授業を行いました。

参加した子どもたちは、砂や砂利、アスファルトなどが高温で混ぜられ、道路舗装に用いられるアスファルトコンクリートができる様子と大型機械を使った舗装工事を見学しました。

子どもたちに説明などをした社員の方は、「いろいろな経験やたくさんの勉強をして元気に育ってほしい。これからも学校行事などに協力していきたい。」と話していました。

今後もサポート企業である「ハローenjoy」や農業関係企業の協力を得た土曜授業が予定されています。

土曜授業とは…学力向上や体験活動を行うことを目的に市町村教育委員会の裁量で実施することができる特別授業のことです。

共立道路株式会社概要

■住　　所　夕張郡栗山町字大井分　　■業務内容　土木・舗装工事業　産業廃棄物中間処理業　等
■協定締結日　平成２３年２月８日　　■取組内容　職場の子育て環境づくり　「道民家庭の日」等の普及

【代表取締役社長　鵜川昌久さんのお話】

これまでも、町内施設の整備など地域貢献としてボランティア活動を行ってきました。今回は、土曜授業に協力しましたが、他のサポート企業等と情報を共有し、さらなる連携を図っていきたいと考えています。

新・情報館 知りたい・学びたい・つながりたい

「地域の絆」を守る郵便局の取組 釧路管内

釧路管内６６郵便局と協定を締結　知りたい！

釧路教育局ではこのほど、管内６６郵便局とサポート企業の協定を締結しました。

締結式では、管内の郵便局を代表して釧路北大通六郵便局の大西登志雄局長が釧路教育局宇田局長と固い握手を交わし、「各職場の子育て環境づくりや、学校・地域行事への支援をきっかけに、社会全体で家庭教育を支援する雰囲気を共に盛り上げていきましょう」と誓い合いました。

郵便局と教育委員会が連携した読書環境充実の取組【釧路町】　学びたい！

「釧路町図書ステーション」

釧路町教育委員会では、多くの住民が、いつでもどこでも本に触れることができる環境づくりを進めることを目的に、約 30 年前から町内の３郵便局に本を設置し、近隣住民が自由に借りることができる「釧路町図書ステーション」を設置しています。

本は定期的に入れ替えられ、いつでも新しい本を読むことができるため、利用者からは大変好評です。

釧路東郵便局

昆布森郵便局

別保郵便局

北海道「親力」つむぎ事業　C.I.Project がギター教室指導　つながりたい！

５月 23 日、道教委の家庭教育支援事業「北海道『親力』つむぎ事業」のキャンペーンソング「そだてみち」を歌う道内のポップスバンド C.I.Project（シーアイプロジェクト）が釧路町公民館を訪問し、「中高生のためのギター講座」に通う中学生にギターの弾き方を指導しました。

当日は、ボーカルの河野玄太氏とギターの泉谷和宏氏が同館を訪問し、歌やトークを交えながら、ギターの弾き方を熱心に指導しました。

参加者からは、「ギターのテクニックもすごいですが、弾く楽しさや音楽に対する熱い思いが伝わってきました。僕ももっと上手になって、音楽の楽しさを伝えられるようになりたいです。」と話していました。

- 5 -

ネットの使いすぎ、子どもの生活習慣に影響アリ

総務省の調査によると、高校生の８４．５％がスマートフォンを利用しており、「スマートフォン利用開始により減った時間」は、「睡眠時間」が４０．７％と最も多く、「勉強の時間」が３４．１％と２番目に多い結果であり、ネット利用の生活習慣への影響が明らかとなりました。現在、道教委でも子どもたちのネット利用の状況について調査中で、結果は後日情報提供します。このことについては、子どもたちの望ましい生活習慣の確立のため、行政だけでなく、家庭や地域、学校、そして家庭教育サポート企業等の皆さんと一丸となって取り組まなければならない喫緊の課題と考えております。

「高校生のスマートフォン・アプリ利用とネット依存傾向に関する調査」総務省情報通信政策研究所（H26.5）

勉強の時間	34.1%
部活の時間	2.3%
アルバイトの時間	1.0%
食事の時間	2.9%
睡眠時間	40.7%
家事（炊事・掃除・洗濯など）の時間	10.0%
外へ遊びに出かける時間	9.6%
趣味に使う時間	11.3%
本を読む時間	20.0%
マンガや雑誌を読む時間	16.7%
テレビを見る時間	27.8%
家族と話す時間	9.2%
友だちと会う時間	3.9%
その他	0.9%
あてはまるものはない	25.0%

「スマートフォン利用開始により減った時間」（複数回答）

読書推進プロジェクト ベルマークで本を贈ろう キャンペーン実施

ベルマーク 5,000 ポイント！ コンサドーレの試合で！

札幌市の家庭教育サポート企業等である（株）北海道フットボールクラブが、コンサドーレ札幌のホームゲーム（vs 水戸ホーリーホック）において「読書推進プロジェクト～ベルマークで本を贈ろうキャンペーン」を実施しました。

当日は、回収箱を設置しているブースにサポーターが多数訪れ、家庭で集めていたベルマークを投函し、この日だけで５，０００ポイント以上のベルマークが集まりました。このキャンペーンは、今後の札幌ドームの試合においても継続的に実施することとなっています。

家庭教育サポート企業等のベルマーク運動については、北海道立青少年体験活動支援施設ネイパル足寄（サポート企業等：NPO 法人あしょろ観光協会）から発信して、家庭教育サポート企業等の皆さんに取組の呼びかけをしているところです。今回のキャンペーンで集まったベルマークもネイパル足寄に送付して、子どもたちのための図書購入に役立てることとしています。

◇サポート企業だよりについてのご意見（このような話題も掲載してほしい…）をお寄せください。
【連絡先】北海道教育庁生涯学習課　担当　稲村　電話 011-231-4111（内線 35-523）
kyoiku.seigaku1@pref.hokkaido.lg.jp

- 6 -

「家庭教育サポート企業だより No. 40」から抜粋

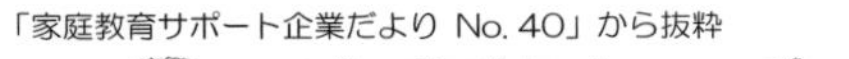

家庭教育サポート企業だより

写真：株式会社セントラルビルサービス主催「くしろ子ども未来塾」活動風景

もくじ

☆きらり☆～地域で輝く企業～ 後志管内

茅沼建設工業株式会社

学校と連携した地域貢献活動の取組（泊村）

茅沼建設工業株式会社（三宅節雄代表取締役）は、地域貢献活動の一環として、村内や近隣町の学校と連携し、「体験して学ぶ"ものづくり"の世界」を実施しています。

この取組は、参加した子どもたちが、道路や橋梁の大切さを理解するとともに、それらを整備する建設業の仕事を知ることを目的としています。

事業では、職員による橋の種類についての講義やレンガを使った小型アーチ橋づくりなどへの挑戦のほか、高所作業車や除雪トラックの見学・試乗など、企業の持ち味を生かし、体験をとおして学ぶことができる取組が行われています。

茅沼建設工業株式会社

■住所
泊村大字茅沼村570番地
■業務内容
建設業（土木・建設請負）
■協定締結日
平成22年12月16日
■取組内容
・職場見学や職場体験の実施
・地域行事への協力・支援
・学校行事への参加促進
・「道民家庭の日」等の普及

「家庭教育サポート企業だより No.30」から抜粋

学校・家庭・地域、そして企業との連携による実践

後志管内家庭教育サポート企業ネットワーク「さぽネットしりべし」

「企業等の連携による研修交流会の開催」

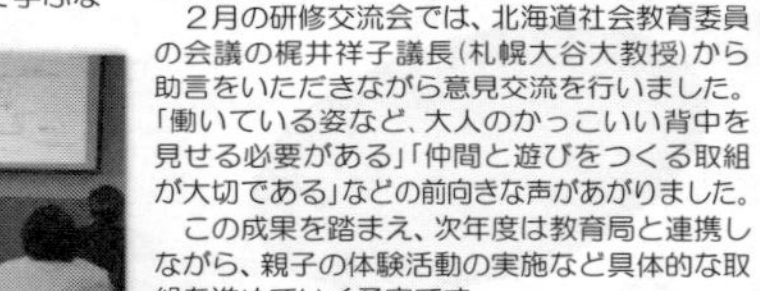

■企業間ネットワークを組織

7月に実施された、後志管内のサポート企業等の代表者や従業員を対象とした研修交流会を機に、ネットワーク「さぽネットしりべし」が組織されました。

「子どもたちのために、何かできることはないか」という思いを持った、管内の10企業等が加盟しています。これまでに、上川管内の企業間ネットワークの活動などについて学ぶなど、3回の研修交流会を行いました。

■「大人のかっこいい背中を」

2月の研修交流会では、北海道社会教育委員の会議の梶井祥子議長（札幌大谷大教授）から助言をいただきながら意見交流を行いました。「働いている姿など、大人のかっこいい背中を見せる必要がある」「仲間と遊びをつくる取組が大切である」などの前向きな声があがりました。

この成果を踏まえ、次年度は教育局と連携しながら、親子の体験活動の実施など具体的な取組を進めていく予定です。

後志管内

学校・家庭・地域、そして企業との連携による実践

有限会社広栄重機【羽幌町】

「登校時安全見守りの取組」

有限会社広栄重機では、羽幌小学校の入学式の日の、新入学児童が登校する時に、校門前の横断歩道に警備員を配置し、交通安全啓発運動を行っています。この取組は「地域の子どもたちが安全に通学できるように」という同社の願いから平成14年から毎年実施しています。

新入生保護者の声

路面に雪が残っている年もあり、子どもの安全を守る企業の方々の取組はとてもありがたいです。

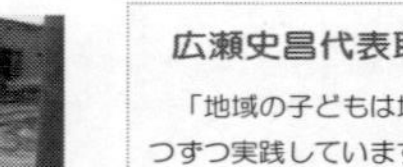

広瀬史昌代表取締役の話

「地域の子どもは地域で守り育てる」ことを企業として考え、一つずつ実践しています。今後も、羽幌町の子どもたちのため、地域のためにできることに取り組んでいきたいと思います。

留萌管内

「家庭教育サポート企業だよりNo.34」から抜粋

『地域発』～はじめまして新企業です～

福山醸造株式会社（札幌市）

１０月、締結に合意していただいた福山醸造株式会社を紹介します。

福山醸造株式会社では、北海道遺産に認定された工場の見学受け入れや出前授業、地域の団体等と連携した体験プログラムの提供など、子どもたちや地域の住民に対する食育に積極的に取り組んでいます。

１１月に実施した石狩管内家庭教育サポート企業等連携協力事業「親子元気アップフォーラム～食習慣編～」にも参加していただきました。

これからも、日本の伝統調味料である「しょうゆ」と「みそ」をより身近に感じてもらい、次世代の子どもたちに「食べることの大切さ」「食べることの楽しさ」を伝えていきます。

石狩管内

『地域発』我が社の子育て環境づくり

「子ども見学デー」を開催!!

木材製材業の(株)ハルキさんでは、今年度、働くことの大切さや楽しさを子どもたちに伝えるため社員の家族等を対象に、「子ども見学デー」を開催しました。子どもたちは、工程が進むごとに丸太がきれいな木材として変化していく様子を熱心に見学しました。

また、削った木の皮を燃料にしてボイラーを動かしたり、余った端材はチップにして製紙工場に送るなど、木は捨てるところがない大切な資源であることを学ぶことができました。

参加した子どもたちは、仕事をしているお父さん・お母さんに、仕事をする上での楽しさや大変なことなどをインタビューし、一生懸命メモをとりながら学習を深めていました。見学後はメモを元に、絵日記や壁新聞を作成し、工場見学と同時に夏休みの宿題もできるという充実したイベントになりました。

子どもたちのインタビューを受けるお父さん

(株)ハルキ

渡島管内

家庭での会話がより増えることを願って！

- 1 -

「家庭教育サポート企業だより　No.39」から抜粋

家庭教育支援の輪を広げる

空知管内　砂川市

「家庭教育サポート企業　職場体験バスツアー」

砂川市では、家庭教育を支援するための職場環境づくりに取り組む企業等との連携を図りながら、子どもたちが親や大人の働く姿を見て仕事を体験し、その経験を家庭に持ち帰ることで家庭教育の推進を図ることを目的に「家庭教育サポート企業　職場体験バスツアー（小学生対象）」を実施しました。（平成２６年７月２８日実施）

ツアーは午前中で終了し、参加した子どもたちは働く人たちの苦労や仕事をすることの大切さについて学び、それぞれの家庭でもしっかりお父さんやお母さんのお手伝いをすることを約束しました。

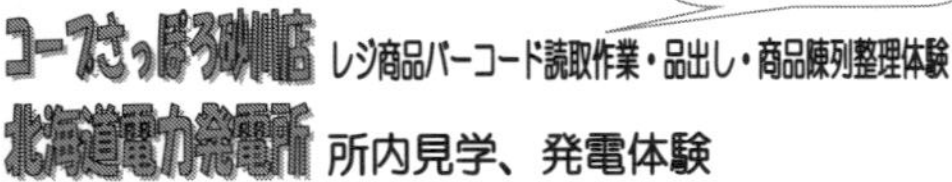

三共建具工業　本立て作り体験

コープさっぽろ砂川店　レジ商品バーコード読取作業・品出し・商品陳列整理体験

北海道電力発電所　所内見学、発電体験

高学年は３社を訪問

8:30	8:40	8:50	9:30	9:40	10:20	10:40	12:00	12:20	12:30
開会式	移動	三共建具工業	移動	コープさっぽろ	移動	北電発電所	移動	解散	

＝子どもたちの感想＝

○大人はいろんな仕事をしていて大変だということが分かった。
○世の中には知らないことが多く、とても勉強になった。
○本立て作りやレジ体験など、どれも難しかったけれど楽しかった。

奥山農園　トマトもぎ、仕分け体験

ほんだ菓子司　お菓子づくり体験

低学年は２社を訪問

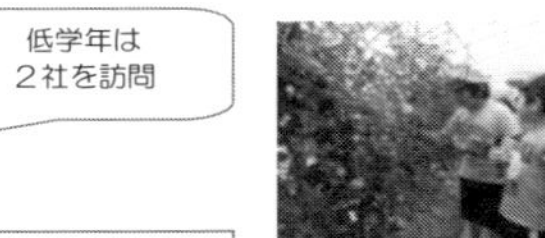

8:30	8:40	9:00	9:10	9:50	10:10	10:50	11:10	11:30	11:40
開会式	公民館見学	移動	奥山農園	移動	ほんだ菓子司	移動	図書館見学	解散	

＝子どもたちの感想＝

○奥山農園で大きなキュウリやすごく赤いトマトが取れてうれしかった
○お菓子を作るのは大変だったけど、食べたらすごくおいしかった。
○お仕事をやるのは大変なんだと思った。

砂川市教育委員会担当者からのコメント

子どもの発達段階に応じて、体験する内容を分けて実施したことは良かったと思います。子どもたちはとても意欲的に参加していました。今後も、サポート企業の皆様と連携を密にしながら、まち全体で家庭教育を支援していきたいと考えています。

- 1 -

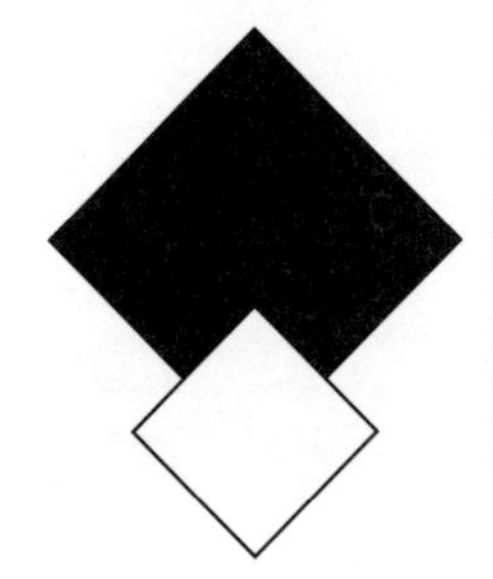

質疑応答

興梠：それでは、お待たせしました。後半をスタートしたいと思います。実はたくさんの御質問を頂いております。

まず、山田さんへの質問ですが、「コラボ・スクールへの素晴らしい活動に敬意を表します。あの大変な災害の中で、最初に立ち上げられたきっかけ、誰がどのように、働き掛けをされたのかもう少し詳しくお話ししていただけませんでしょうか。また、山田さんは、そのときどんなふうに動かれていたんでしょうか」というものです。山田さんからお願いをしたいと思います。

山田：はい。御質問ありがとうございます。コラボ・スクールは東京を拠点に高校にキャリア教育の出張授業を行っている、NPO カタリバ東北復興事業部として設立されました。NPO カタリバ代表の今村久美が、震災をきっかけに東北で何かできないかということで、お金を集め、単身東北に乗り込みました。キャリア教育をやっていた団体ですので、教育で被災地に貢献できないかと考え、コラボ・スクールを立ち上げました。

僕は、どう動かれていたのですかという御質問ですが、震災当時は、フォトグラファーをしておりました。その後、コラボ・スクールの活動をウェブを通して知り、大槌町に行ってコラボ・スクールにボランティアとして参加しました。

興梠：それから、「仮設住宅における障害児童の勉強はどうなってるんでしょうか。山田さんは障害児童にどう対応しているんでしょうか」という御質問です。

山田：コラボ・スクールでは現在、障害者の方へのアプローチは行えていない状況にあります。

興梠：平岩さんへ、「大工体験などを例に、市民先生のコーディネートの難しさをお聞きいたしました。現在では約1500 人の先生がいらっしゃるということですが、草創期はどういう方法で市民先生を探しておられたのでしょうか」という御質問です。

平岩：市民先生の探し方は、今日の一つのテーマでもあると思いますが、これは最初からずっと変わっていなくて、やっぱり人づてなんです。新たなエリアで活動するときは、それこそ先ほど山田さんのお話にお祭りに参加されるとありましたが、ああいうノリで、いろいろな所に顔を出したり、あの人顔が広いよ、という人に、「ちょっと飲みに行きませんか」と言ってみたり、本当に人づて人づてでネットワークを広げています。人づてで紹介をしてもらうと、どんどん紹介者の輪が広がっていき、さらに活動が広がっていきます。

それから、多分、五十嵐さんへの質問にもあると思いますが、企業をどうやったら持ってきてもらえますかということで少し考えてみたんですが、こつ三つの頭を取ったら、「テシオ」になりました。

「テ」は「提案」です。先ほどの五十嵐さんの話にもありましたとおり、「何やったらいい？」と企業から聞かれることが多いんです。ですから、初めて行くときに、実はもう、こういうことやってほしいというのを持っていく場合が多いです。「もう既に考えています」とあると、「お、いいね」という感じで、一気にやる前提の話に変わっていきます。

「シ」が、「紹介」です。飛び込みで企業に行くということはほとんどしていません。誰か間に一人入って紹介をしてもらって行きます。こうすると、グッとハードルが下がります。やはり最初に NPO が正面玄関から問い合わせしてくると、大丈夫か、寄付とかせがまれるんじゃないか、といった目で見られますが、そこに紹介が入ると全然違います。

そして、「オ」は、「御社だけ、」です。要は、企業の立場からすると、ライバル会社に先を越されると嫌なんです。ですから、同じ業界で何社にも行くよりはいろいろな業界があったほうが子供たちにとってもいいですよね。例えば、お菓子のメーカーばっかりよりは、お菓子もあるし、建築業もあるしというほうが楽しいわけです。ですから、お菓子の業界では御社とやりたいということを、しっかり伝えます。もしお断りになったら、次の B 社に行きます、とは言いませんし、あまり同じ業界の中で何社もやりたくないので、できれば御社とやりたいという感じで迫ることが多いです。「テシオ」という形でポイントをまとめてみました。いずれにしてもやっぱり人づて、人のネットワークが人を巻き込んでいく「コツ」かな、というふうに思っております。

興梠：もう一つ、「成功事例の秘訣にはどんなものがあるか要件と条件をお聞かせください」、「失敗談を聞くと成功に結び付くような気がしますので成功と失敗両方を」との、御質問です。それから、「プログラム作りについて、よいポイントというのは何なのか」という、御質問です。

平岩：子供たちが、一番どんな状況のとき満足しているかというと、やはり、望みがかなったときで、これが成功の秘訣だと思います。この間リクエストボックスの中に、2年生の女の子からお母さんになりたいというものがありました。小学生らしいかわいいリクエストだなと思いました。それで、近くの保育園に行きまして、「うちのアフタースクールの子が、お母さんになりたいと言うので、1日保育士をさせてもらえませんか」とお願いしたら、「ああ、いいですよいいですよ」と快く受けてくださいました。「子供たちがやりたいと言うんで」ということはここでも一つキーワードになっています。保育園で体験してきたその子は、本当に満足した、満たされた顔をして帰ってきました。やっぱり自分の望みがかなうと、子供たちもすごく嬉しくなるので、みんなに「何やりたい？」と聞き、実現していくことが、成功の秘訣かなと思います。

失敗談ですが、最初の頃ですかね、3分クッキングの失敗という事例があります。何かと言いますと、お菓子作りのプログラムで、非常に上手な方が居て、300円ぐらい材料費をもらってやっていました。材料費をもらうと、私たちも絶対おいしく作ってあげようと思って、当時何をしたかというと、材料を全部小分けにして、もうチンとするだけという状況にしていたんです。それが要は3分クッキングみたいな状態ですよね。そうしたら、あるときからだんだん来る子供が少なくなって、「なんでだろうね」とずっと言っていたんです。それで、あるお母さんに聞いたら、「あそこ、簡単過ぎてつまんない」と娘が言っていますとの答えで「ああなるほど」と思いました。やっぱりちゃんと作らせてあげたいと思うあまり、材料を小分けにして、簡単にできます、みたいな状況にしてしまったのが、子供たちにとってはあまり面白くなかったことがわかりました。確かに今どきの子供は、いろいろなよくできたキットがあふれているので、チョチョっとやるとパッとうまくいくというパターンにものすごく慣れているんです。だから逆にちょっとうまくいかないことのほうが面白かったりもします。

例えば先ほど、編み物の例も紹介しましたが、子供が編み物をやっていると、「難しくて面白い」と言いますね。編み物って、イメージどおりできなくて、初めてやった子がきれいにマフラーが編めるかというと編めません。それが逆に新鮮で面白いと言っていました。その失敗をして以来、お菓子作りでは、もう粉を分けるところから全て子供たちで行い、黒焦げになろうが、それも学びというふうにしました。

最後に、プログラムをどのようにしたらうまくいくかのポイントをということですが、基本的には、昔の「やってみせ、言って聞かせて、させてみて、褒めてやらねば、人は動かじ」という言葉どおりです。まず、市民先生が腕を見せます。そうすると、子供たちが、「すげえ、」となるわけですね。そこで心理的な弟子入りみたいなのをし、その後やり方を言って、させてみて、褒めてあげる、というのが基本的な流れかなと思います。昔の方の言ってることは、やはり真理を突いているなと思います。以上です。

興梠：山田さんに、「大槌町には複数の小中学校区があるのではないでしょうか。町全体の学校と連携してるんでしょうか。それとも、1校区なんでしょうか」、「子供の放課後の移動手段はどういうふうにしてるんでしょうか」という御質問です。

山田：大槌町内は、大きく分けて、大槌地区と吉里吉里地区とあります。吉里吉里地区には、吉里吉里中学校と吉里吉里小学校、大槌地区には、震災前は、4つの小学校がありましたが、震災で被災し、今は大槌小学校という形で、一つの仮設の小学校にまとまっています。中学校も同様に、その小学校の隣に、仮設の大槌中学校がございますので、連携をしているのは大槌中学校と大槌小学校。そして山を一つ越えて、吉里吉里小学校と吉里吉里中学校です。

子供の放課後の移動手段ですがコラボ・スクールでは、送迎バスを出しています。ただ、中には保護者の送迎でコラボ・スクールに来る子供たちもいます。

興梠：平岩さんへの質問ですが、「アフタースクールでは1プログラムは1カ所で何回ぐらい行うのでしょうか。年単位で継続することもできるんでしょうか」と、「指導者を確保できるかどうかが課題なんでしょうか」、「1カ所1校での参加率はどうなっているのか」、これはちょっと重要ですが、「プログラムの評価は誰がするのか。どういうふうにするのか」という質問です。

平岩：プログラムは、私もアメリカでアフタースクールを見たときに一番驚きました。アメリカのアフタースクールでは10個ぐらいを同時にグラウンドや教室で行っています。今私たちでは、1日1個の所もあれば、1日4個ぐらい行っている所もあったりといろいろです。学校や、地域の特徴に合わせて行っています。例えば料理のプログラムは、毎週行い最後に発表会の子供レストランをやろうという流れのものが多くあります。一方で、毎週水曜日や金曜日が多いのですが、スペシャルデーを用意して、1回限りの単発のものもします。もの作りのプログラムなどは4回シリーズも多く、4回でレゴの大きい物を作ろうとか、最後にすごく大きい迷路を作ろうよとか、組み合わせで、毎週やるもの、1回限りのもの、3～4回の複数回のものに分かれています。

参加率は、学校によってまちまちですがやはり高学年は今のところ、ものすごく率が高いということはありません。特に東京で活動をしていると塾が中心で、でも、高学年が楽しめるコンテンツを是非用意して、参加してもらいたいと思っています。

それから、プログラムの評価は必ず子供たちが終わると書いてもらうところが多いです。「今日こんなことをやった。ここが楽しかった。ここが発見だった」ということを割と簡単に書けるシートを用意してあってそこで書いてもらいます。それで、親御さんにもそれが報告代わりになって、おうちでの会話のきっかけにしてもらいたいなと思っています。もちろん、スタッフも入って評価もするんですが、おおむね子供たちの声を見てるというのが一番のポイントかなと思います。

興梠：ありがとうございました。アフタースクールのホームページでも評価について触れられていますので、参考にされるといいと思います。次は、「吉里吉里小学校の取組、放課後アフタースクールの取組で、市民の方が先生をされているというお話でしたが、どのような手順でどのように市民先生を集めたのか」、「その先生たちには全て無償でお願いしてるのかどうか」という御質問です。それでは、まず山田さん、お願いします。

山田：吉里吉里小学校の取組の場合は大きく三つあります。一つは、教育委員会が先生を探してきてくださる場合。もう一つは、やはり被災地ということで、被災地の子供たちに何かしたいとおっしゃってくださる方が御連絡をくださる場合。あと、地域の方が学習サポーターとして参加してくださっていますので、その方のつながりで地域の団体、地域の学習サポーターの方が来てくれるという場合もあります。

無償かどうかは、他団体に関してはその団体で予算を持っていただく場合が多いです。学習サポーターに関しては、教育委員会からお金が出ています。

平岩：市民先生の場合は、やはり有償のほうが多いです。交通費程度から、もう少しという場合まであります。完全な無償だと、こちらから、お願いがなかなかしづらいということがあります。私たちも経験から、「こういうふうに進めてほしい」という、指針があり、少しですがお支払いをしてお願いをしっかりすることにしています。

ちなみに、時々来ていただく、すごく一流の人に対して、「ああいう一流の人を呼んだらいくらあっても足りないでしょう」といったことを言われますが、そういう方ほど無償ですね。ただ、お忙しいので、しょっちゅうは来れないですが、意外に「お忍びだったらいいよ」とか言ってくださり、結構了解してくれるときもあります。

興梠：それでは今度は五十嵐さんに御質問ですが、「小学校へアプローチをしたいのですが、教育委員会へ行くべきなのか、個別に学校へ行くべきなのか。地域によって対応はまちまちですが、アドバイスが欲しい」ということです。お願いします。

五十嵐：書かれているように、地域によって、対応がまちまちなのですが、私が居る、後志管内の小さな地域では、地元の企業の方から、直接学校のほうに連絡が来たりする場合もあります。ただ、やはり、一度は教育委員会のほうに話を通して、それから話を持っていったほうが、より確実かと思います。

興梠：「本市で実施している、土曜日や放課後の施策にも、企業や大学の支援を頂きたいと考えていますが、企業から協力しようと思ってもらうために必要な事項、企業にとっての施策への魅力について、どう伝えていくかのヒントを頂きたい」というのと、「企業のインセンティブは何ですか」という、御質問がありますので、アドバイスをお願いします。

五十嵐：これは先ほどの平岩さんからの、「御社だけ」というような内容になってくるのかと思います。企業はやはり特にその地域の子供たちのためになにかしてあげたいと思っていますが、じゃあ何をしたらいいのかというところはあいまいです。そこを具体的に、「あなたの会社のこういう力を私たちはお借りしたいんだ」っていうことを丁寧に説明すると、「ああ、そんなことでいいのか」ということで、簡単に協力していただいたり、支援していただけると思います。具体的に企業の持っているこの力を借りたいんだということを説明すれば大丈夫かなと思います。

インセンティブについては、私が働き掛けをするときには、例えば、家庭教育に関する最新情報をその都度情報提供させていただきます。必要によっては、その研修会にお邪魔して、いろいろとお話をさせていただきますとお伝えしています。

平岩さんが、「御社だけ」という話をしていましたが、それに、「他の会社では、」ということを付け加えて、「他の会社ではこんな取組をしていただいています」、と火を付けることも一つの方法かと思います。例えば、金融関係、銀行のほうに行くときは、「サポート企業だより」の、他の銀行の取組を紹介した号を持っていきます。そうすると、ああ、この銀行ではこんなことをやっているのか、じゃあ私も入ってこんなことをやります、というような感じでうまくいったりしています。

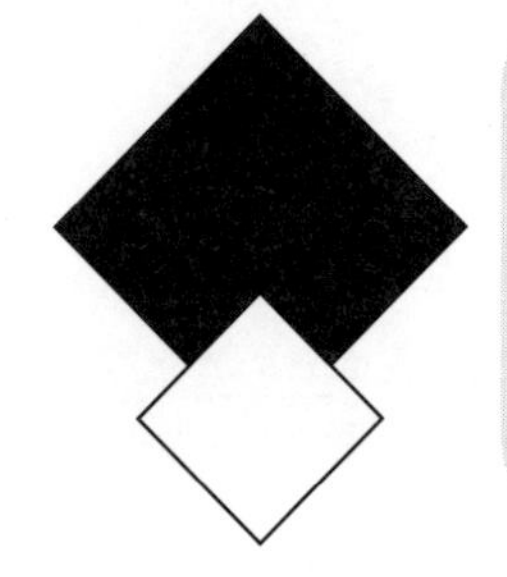

まとめ

興梠：今日は、土曜日の教育活動を一つのテーマにして、ボランティア活動というものをどのように地域で展開していくかという話で進めてきました。最後に１～２分ずつ、シンポジストの方にこれからの提言を頂いて、そして、全体を振り返って終わりにしたいと思います。五十嵐さんからよろしくお願いします。

五十嵐：ありがとうございます。何度もこれまで話をさせていただきましたが、企業の方は、すごくいろいろとやりたがっていて、サポート企業の方が私の職場にしょっちゅう来て、「五十嵐さん、なんかやることないかい。やることないかい」っとおっしゃっています。地域の子供たちのことをすごく心配して、何とか自分たちが協力できればという気持ちで、いろいろと取り組んでいただいています。それに対して、私たちは、子供たちの状況を企業の方に丁寧に説明をし、子供たちの状況はこうなので、皆さん方のこんな力をお借りして、事業、施策を進めさせていただきたいとお伝えしながらこの家庭教育サポート企業制度を進めています。これから土曜日の教育支援活動が、ますます活発化してくると思いますが、あらためて企業に働き掛けていきたいと考えております。本日は私の話をお聞きいただきまして、大変ありがとうございました。

興梠：それでは、平岩さん、お願いします。

平岩:本日はありがとうございました。土曜日については、これから私たちも是非面白くしていきたいなと思っています。アフタースクールとサタデースクールみたいな感じになるかもしれませんが、セットで行っていくようにしたいと思いました。やはり、人をいかに巻き込んでいくかというのが、ポイントになると思います。「巻き込むコツ」を三つほど考えてみました。一つ目が、スキルアップです。ボランティアの方や市民先生が何を期待してるかというと、自分が成長できる、スキルアップできるということです。

二つ目が、仲間づくり。やはり、ボランティア同士で仲良くなったりするのがすごく楽しいので、仲間を求めて来ているという所があります。そういう仲間がたくさんできる場をつくってあげるといいと思います。

三つ目が、報告です。何を報告するかというと、やはり子供たちの成長だと思います。皆さんが関わってくれて、子供たちがこんなに頑張りました、１年間とてもよくなりました、ということを１年に１回でも報告することこそ重要だと思います。「営業より報告が重要」ということを、僕らはよく言います。いろんな所にたくさん行って、それで、やりっぱなしというのは一番いけなくて、その後子供たちの感想文などを持っていくようにしています。子供たちからこんな声が上がりました。ありがとうございました、次もお願いします、とすることでリピートにつながると思います。「スキルアップ、仲間づくり、報告」の頭の文字が「スマホ」になればいいなと思ったんですが、「スナホ」になってしまいました。本日はありがとうございました。

興梠：それでは、山田さん、お願いします。

山田：はい。本日はありがとうございました。本日、北海道やアフタースクールの事例を聞いて、本当にたくさんの取組が全国にあるんだなということを感じました。たくさんの取組、またはリソース、手段があるからこそ、何を目的にして、土曜日、または放課後の時間を使っていくのかが非常に重要になると感じました。その目的というのは、きっと地域によって変わってくると思います。その地域に合った活動をすれば、きっと子供たちも集まり、その地域の子供たちのためになる活動になるのではないかなと、思いました。今日は非常に勉強になりました。本日は本当にありがとうございました。

興梠：どうもありがとうございます。今日は３人の方々にお話を頂いて、またフロアからも貴重な御質問を頂きました。私は今日ずっと気になっている、お話が一つあります。それは、一番最初に山田さんが言われた、人間関係のつながり格差が被災地だけではなくて、いろいろな地域でも起こってるのではないかというお話です。私は86万人も住んでいる世田谷区をベースに活動していますが、都市部においてもやはり同じようなものです。人と人とがつながっていくことは、今、本当に日本の最大の課題のような感じがします。

では一体なんでつながれないのかということなんです

が、これは私が作った造語ですが、「縁結人」が居なくなったんですね。「縁」を結ぶ役割を持つ人というのが、居なくなったことが、いろいろな調査から見えてきます。要するに他人には関わらない、他人に関わらないということは世の中に関わりたくないということです。そういった風潮がどんどん広がっており、その一番の犠牲者が、もちろん社会的な弱者でもあるし、子供たちでもあるように感じます。

それではどうすればその「縁結人」というものに、自分たちの持っている、そういう「縁」を結ぶ力というものにもう1回気付き、地域の中にそういった人々が増えていくようにしていくのかっていうことですが、これは直接的な教育活動ではありませんが、やはり教育や学びを深めていくためにはとても大事で、教育委員会や、教育行政、私たちのような市民セクターといわれているNPO、学校教育関係者、保護者の人たちも含めて取り組んでいかなければならない課題のように感じます。

文部科学省の施策をずっと見ると、例えば、子供の居場所づくりという施策が出て、全国へ提案をしました。それから、住民が学校教育に参画する学校支援地域本部事業があり、放課後子供プランが始まっていきました。そして、今度は土曜日という問題提起が出てきました。しかしここで、やはり共通して出てくることは、縁（えにし）を結ぶ役割の人たち、英語で言うとコーディネーターですね。そういった人たちがいつも課題になっているような感じがします。

私も全国をいろいろ訪問させていただいて感じることは、どこの地域でも、こういったコーディネーターをどうやって作り出していくのかという課題です。しかし、今日のお話から出てきますのは、五十嵐さんは学校の先生、平岩さんは企業で働いた方、それから、山田さんは、フォトグラファーです。できれば様々な経験を持つ人たちがコーディネートをする人となり、集まって、そういった経験やスキルを生かして、多様な教育ニーズや、多様な地域の人的な支援に対応できるよう、「縁結人集団」というようなコーディネーターの集団作りが必要なのだと痛感をしました。

多分、今日御参加の方の中には、私の地域は大都市圏ではないし、さほど大きな企業があるわけではないし、大学などがあるわけでも決してない。過疎化現象著しい中で、一体どうやってそういった人たちを発掘していけばいいのかと、そういう課題を抱えているコーディネーターの方もいらっしゃるかと思います。私はそういうときよくお話をするのですが、「だったら行政区を越えてつながればいいではないか」と。せっかく都道府県の教育委員会が、コーディネーターの研修をしているんだから、自分のためだけに学んで帰るのではなくて、そこでつながりましょうと。そして、できればそのノウハウも提供し合っていきましょう。教育委員会が抱えているコーディネーターだけではなくて、NPOやNGOの人たちもたくさんいらっしゃるわけですから、例えば、そういった「縁結人」同士の、既成の地域の概念や、活動の概念を越えたつながりを作り出していく。その応援も総合プロデューサーとして、社会教育の担当者が担っていくということも、とても重要ではないかというふうに感じています。

土曜日という新しい取組ですが、私はとっても無限の新しい教育の可能性が秘められていると思います。また機会がありましたら、お会いして、いろいろな意見交換をしたいと思います。

ということで、皆さんの御協力を頂きまして、無事本日のシンポジウムを終わることができました。改めて、3人のシンポジストの皆さんにお礼を言いたいと思います。どうもありがとうございました。（拍手）

2

資料編

資料１
パネル展示紹介（一部のみ）

パネル展示協力一覧

（順不同）

①文部科学省「土曜学習応援団になりませんか？」
②　　〃　　「土曜日の教育活動実施状況」
③大分県豊後高田市の取組
④岐阜市立島中学校キャリアスクール
⑤土曜学習フェスタ in すまいるスクール日野学園
⑥文部科学省「地域コーディネーターと『土曜学習応援団』意見交換会」
ゴールドマン・サックス証券株式会社
特定非営利活動法人　放課後 NPO アフタースクール
特定非営利活動法人　日本語検定委員会
日本証券業協会
株式会社　パナソニック
認定特定非営利活動法人　カタリバ
北海道教育委員会「北海道家庭教育サポート企業等制度」

※①～⑥のパネルを次ページ以降に掲載

①

土曜学習応援団になりませんか？

～全ての子供たちの豊かな学びのために～

文部科学省では、子供たちが社会で活躍する多くの大人に出会い、将来の夢や希望を持って学ぶ機会が充実するよう、多様な企業・団体に「土曜学習応援団」として賛同いただき、実社会での経験や企業・団体の強みを生かした出前授業を行っていただく取組を積極的に推進しています。

「土曜学習応援団」の活動

◆土曜授業・土曜学習等の出前授業の講師として参加

～キャリア教育や総合学習、学習支援、スポーツ・文化活動、自然体験活動、農業体験など、
幼・小・中・高校生を対象とする多様な学習活動の講師として参加～

金融系A社による
グローバル人材を目指す講演

電機メーカーB社による
ハイブリッドカー親子工作教室

掃除用具メーカーC社による
お掃除体験教室

◆文部科学省や自治体が開催する研修等へ参加

～文部科学省主催「地域コーディネーターと『土曜学習応援団』意見交換会」～

8企業・団体によるブース出展（出前授業の概要紹介）

地域・学校・行政・企業関係者
によるグループ討議

全国では、公立小・中・高校の約４０％（約13,000校）で、土曜日の教育活動を展開。

○企業・団体・大学等の皆様の豊富な知識・ご経験を子供たちに届けませんか？

○是非「土曜学習応援団」へのご賛同と、出前授業等の講師としてのご参加をお願いします。

詳細は、文部科学省の土曜学習応援団ホームページをご覧ください。

URL: http://doyo.mext.go.jp

文部科学省 MINISTRY OF EDUCATION, CULTURE, SPORTS, SCIENCE AND TECHNOLOGY-JAPAN

資料編

②

文部科学省 MINISTRY OF EDUCATION, CULTURE, SPORTS, SCIENCE AND TECHNOLOGY-JAPAN

土曜日の教育活動実施状況（全国の公立小・中・高校）

（H26予定）

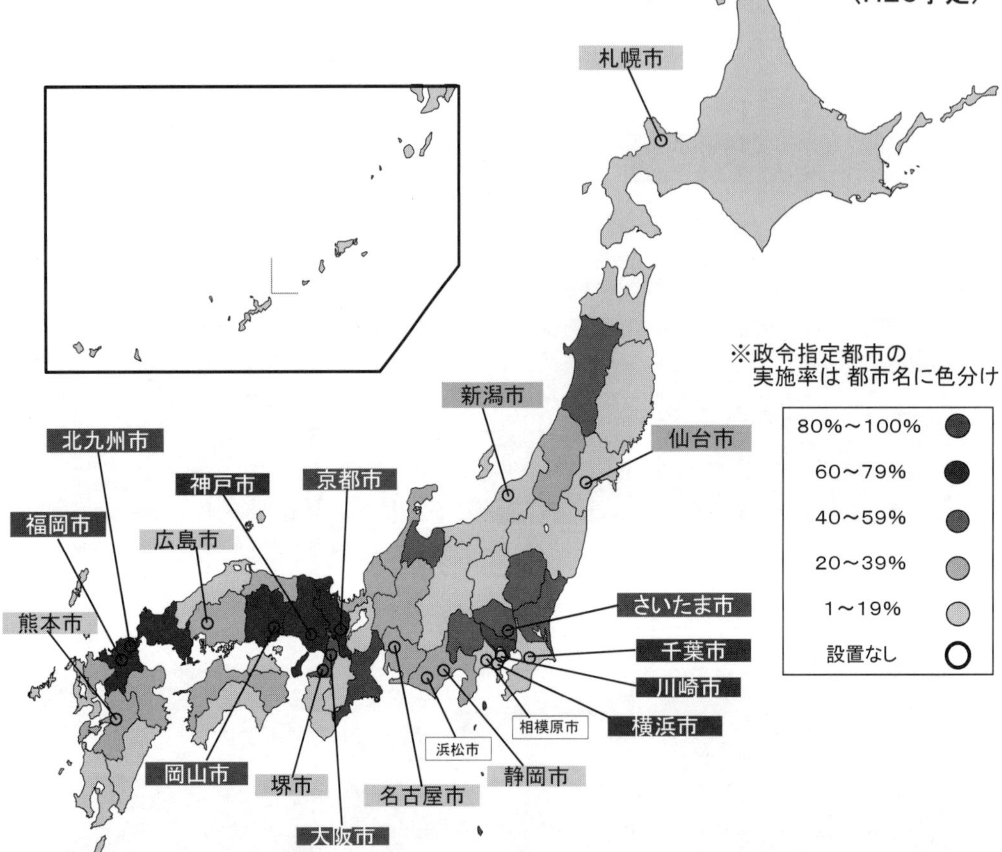

札幌市
新潟市
仙台市
北九州市
神戸市
京都市
福岡市
広島市
熊本市
さいたま市
千葉市
川崎市
相模原市
横浜市
浜松市
静岡市
岡山市
堺市
名古屋市
大阪市

※政令指定都市の
実施率は 都市名に色分け

80%～100%	●
60～79%	●
40～59%	●
20～39%	●
1～19%	●
設置なし	○

① 【土曜授業】 約５，６００校（約１６%）
（学校が主体、教育課程内の学校教育）

② 【土曜の課外授業】 約２，９００校（約９%）
（学校が主体、教育課程外の学校教育）

③ 【土曜学習】 約６，６００校（約２０%）
（教育委員会、地域など学校以外の者が主体、社会教育）

「土曜授業」,「土曜の課外授業」,「土曜学習」
いずれか一つでも実施 ➡ 約１３，０００校（約４０%）

土曜日の教育活動に取り組む自治体が増えています。子供たちの豊かな教育環境実現に向け、積極的な取組をお願いいたします。

③

～自治体の土曜日の教育活動の事例～

文部科学省 MINISTRY OF EDUCATION, CULTURE, SPORTS, SCIENCE AND TECHNOLOGY-JAPAN

大分県豊後高田市の取組（土曜学習）

「学びの21世紀塾」～「学びの姿」の構築を図る～

（市民講師を中心にした講座等により，確かな学力の定着や体づくりの機会を提供し，地方の子供にも平等に学習を保障して，格差をなくす）

○知・徳・体のバランスが取れた講座に参加する場を提供
○約8割の子供たちが参加

知（確かな学力）

①いきいき土曜日事業

寺子屋講座	第１・３・５土曜日に，幼・小・中の英会話・国語・算数・数学・英語・そろばん・合唱等
パソコン講座	第１・３・５土曜日に，小学生対象のパソコン実習講座
水曜日講座	毎週水曜日放課後に，全中学校１・２年生に数学・英語
夏季・冬季特別講座	中学３年生に英語・数学・国語（７日間）
幼稚園文字・英会話教室	週２日，幼稚園への出前授業
寺子屋昭和館・プラチナ館	小学校４～６年生に放課後補充学習
テレビ寺子屋講座	ケーブルテレビを活用した小・中学生対象番組の放映

徳（豊かな心）

②わくわく体験活動事業

週末子ども育成活動	第２・４土曜日に，日頃できないようなものづくりや体験活動
ステップアップスクール	３泊４日の集団生活・自主活動等の宿泊体験

体（健やかな体）

③のびのび放課後活動事業

スポーツ少年団等の活動推進	各種大会・活動の支援や後援
文化活動団体等の活動推進	発表会・展示会等の支援や後援

（豊後高田市資料を参考）

県内学力テストワースト2位　⇒　8年連続1位
野球やバレーボールの全国大会優勝・出場

資料編

④

～土曜授業に「土曜学習応援団」が参加した事例～　文部科学省 MINISTRY OF EDUCATION, CULTURE, SPORTS, SCIENCE AND TECHNOLOGY-JAPAN

岐阜市立島中学校キャリアスクール

日時：平成26年11月8日（土）総合的な学習の時間
対象：岐阜市立島中学校1～3年生全校生徒
趣旨：地域・社会の教育力を生かし、様々な職業の理解を深めるとともに、講師の生き方や会社の志を学ぶことを通して、自分の将来を考え、主体的に自分の生き方を見つめる。

土曜学習応援団も参加しました！

パナソニック
「ものづくり企業の役割」

岐阜信用金庫
「「お金の運用」について」

押し花インストラクター
「押し花はがき作り」

左官業 「左官体験」

自衛官 「自衛官の仕事」

中日新聞社「新聞記者の仕事」

消防士 「価値ある無駄」

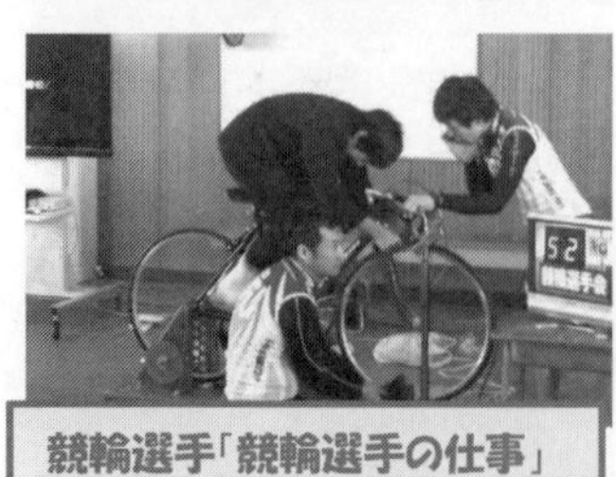

競輪選手「競輪選手の仕事」

～プログラム一覧～

職業	講座名
元警察官	正しい勇気
左官業	左官
押し花インストラクター	押し花はがき作り
株式会社　プロスパー	プラスチック製品のものづくり
フィットネスアドバイザー	ダンス　HIP HOP
競輪選手	競輪選手の仕事
消防士	価値ある無駄
山川醸造	醤油を主役に！
自衛官	防衛省 自衛隊
岐阜信用金庫	「お金の運用」について
金融広報アドバイザー	大人になってから困らないお金の基本
Panasonic	ものづくり企業の役割と企業の「役割」
岐阜地方検察庁検事	検察官の仕事と裁判員制度
税理士	税理士はどんな職業か？
岐阜新聞広報センター長	記者の仕事
弁護士	体験！刑事裁判！！
新聞関係（中日新聞岐阜支社）	新聞記者の仕事
歯科医	歯科医の仕事

全校生徒
約700名が
出席

18教室で
多彩な職業の
講師が
出前授業を
実施

全国で、地域や企業と連携した土曜日の教育活動が展開されています。
「土曜ならでは」のプログラムで子供たちの豊かな学びを応援しませんか？

⑤

～土曜学習に「土曜学習応援団」が参加した事例～

文部科学省 MINISTRY OF EDUCATION, CULTURE, SPORTS, SCIENCE AND TECHNOLOGY-JAPAN

土曜学習フェスタ in すまいるスクール日野学園

主催：品川区、品川区教育委員会、文部科学省、文化庁

日時：平成26年4月26日（土） 9:30～11:45
場所：東京都の品川区立小中一貫校日野学園
趣旨：実社会で活躍する現役の社会人の方々による体験型の土曜学習を
　　　小学生を対象に実施し、土曜学習を本格的に全国展開する第一歩とする。

パナソニック
「ハイブリットカー工作教室」

日本棋院
「ふれあい囲碁教室」

文部科学省職員
「チアリーディング教室」

土曜学習フェスタ in すまいるスクール日野学園　会場案内図

第1部会場　9：30～10：30

2階

④オープンスペース（少人数学習室）　WC　WC　生活科室 すまいる 小英語室　すまいる　WC　WC

2-1　⑤2-2　①2-3　③1-1　⑥1-2　⑦1-3

④吉本興業　⑤Jリーグ　①ダスキン　③パナソニック　⑥野村グループ　⑦日本棋院

①ダスキン
②文部科学省職員
③パナソニック
④吉本興業
⑤Jリーグ
⑥野村ｸﾞﾙｰﾌﾟ
⑦日本棋院

第1部会場　9：30～10：30

地下2階

器具庫　倉庫　WC　WC　男子更衣室　女子更衣室

②格技室　②文部科学省

アリーナ　器具倉庫

第2部会場　10：45～11：45

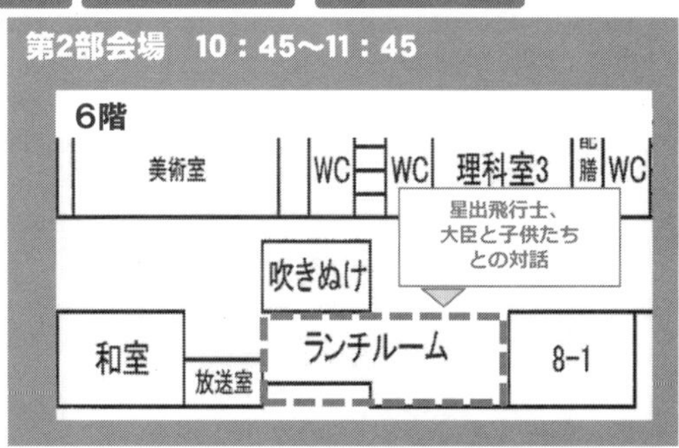

全国で、地域や企業と連携した土曜日の教育活動が展開されています。
「土曜ならでは」のプログラムで子供たちの豊かな学びを応援しませんか？

資料編

⑥

文部科学省 MINISTRY OF EDUCATION, CULTURE, SPORTS, SCIENCE AND TECHNOLOGY-JAPAN

～全国の地域コーディネーター等と
「土曜学習応援団」が一堂に会する研修を実施した事例～

地域コーディネーターと『土曜学習応援団』意見交換会

平成26年12月8日(月)　文部科学省講堂にて

趣旨　豊かな土曜日の教育活動の実現のため、地域コーディネーター等と「土曜学習応援団」が一堂に会する機会を設け、今後の土曜日の取組方策の検討や学校・教育委員会と企業のマッチング等の場とする。

1. 地域・学校・行政・企業関係者によるグループ討議

地域コーディネーター等約３００名、企業・団体関係者約５０名が参加し、「土曜日を活用した新しい教育のかたち」について、立場を越えて話合いました。

2. 企業ブースにおける各社の出前授業の紹介

ダスキン「おそうじについて学ぼう！」

凸版印刷「学びゲット！」

日本数学検定協会「算数体感プログラム」

野村グループ「投資って何？他」

ー会場図（イメージ）ー

講堂内
<1. グループ討議>
企業・団体と地域コーディネーター、自治体職員5人程度でグループ討議

講堂　ステージ

ホワイエ（ロビー）
④⑤⑥⑦③②①⑧

ホワイエ（ロビー）
<2. 企業ブースごとの事例紹介>
①大日本住友製薬
②ダスキン
③凸版印刷
④公益財団法人日本数学検定協会
⑤日本取引所グループ
⑥日本プロサッカーリーグ（Ｊリーグ）
⑦野村グループ
⑧バンダイ

各自治体の研修等においても、地域コーディネーター・学校・行政・企業・団体・大学等の関係者が一堂に会する機会を設けませんか？

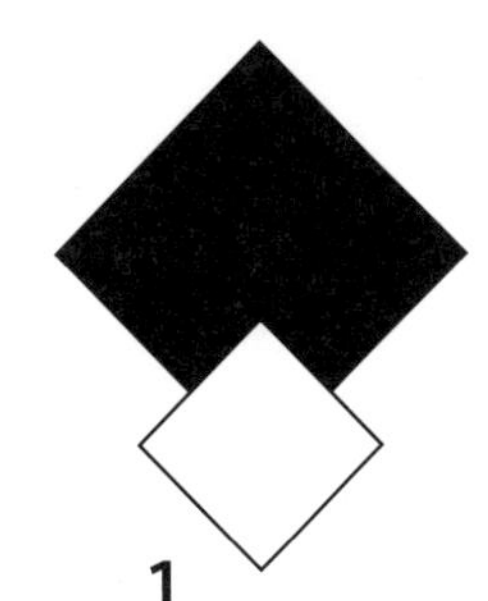

資料 2
文部科学省配布資料

1

これからの子供たちの土曜日は？

○学校週5日制を平成14年度から完全実施して
　12年経過　→　教育環境の変化，土曜日が格差にも

○土曜日の過ごし方は子供と保護者の思いがギャップも

　＊子　供：家でテレビやゲーム，習い事，家で勉強 など様々
　＊保護者：学校で授業，習い事や地域行事への参加を希望

⇒　土曜日活用で，子供の教育環境の充実を！
　＜ゆったりした時間，社会人参加，土曜日ならではのプログラム＞

⇒　土曜学習応援団に，大学も積極的なご参加を！

文部科学省 MINISTRY OF EDUCATION, CULTURE, SPORTS, SCIENCE AND TECHNOLOGY-JAPAN

2

児童生徒の土曜日の過ごし方について①

（平成25年度全国学力・学習状況調査　児童生徒質問紙より）

小学校

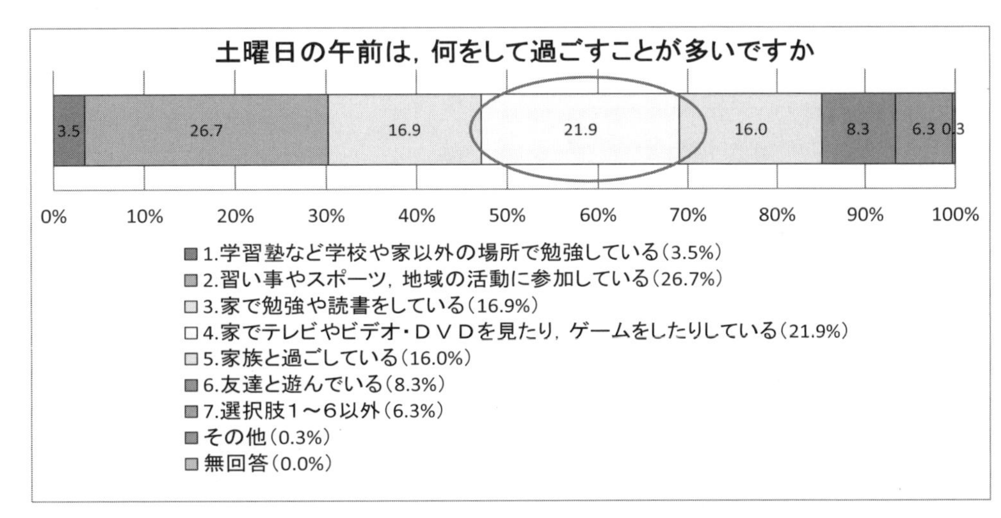

＊中学校では，学校の部活動への参加が，64%

資料編

3

児童生徒の土曜日の過ごし方について②

（平成25年度全国学力・学習状況調査　保護者に対する調査より）

小学校

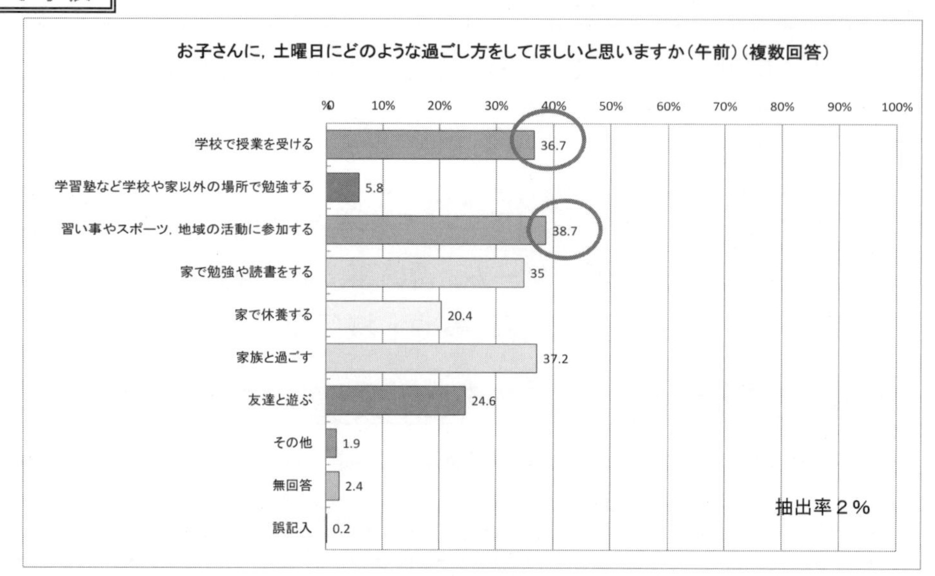

＊中学校でも同様の結果

4

土曜授業の実施に係る学校教育法施行規則の一部改正について

1. 改正の背景・趣旨

○ 土曜日において，子供たちに，これまで以上に豊かな教育環境を提供し，その成長を支えることが重要。そのためには，学校，家庭，地域が連携し，役割分担しながら，学校における授業や地域における多様な学習，文化やスポーツ，体験活動等の機会の充実に取り組むことが重要。

○ 上記のような観点から，子供たちに土曜日における充実した学習機会を提供する方策の1つとして土曜授業を捉え，設置者の判断により，土曜授業を行うことが可能であることをより明確化するため，学校教育法施行規則を改正。（平成25年11月29日公布・施行）

2. 主な改正内容

【改正前】

○ 公立学校の休業日については，学校教育法施行規則で以下のとおり規定。

■第六十一条　公立小学校における休業日は，次のとおりとする。ただし，第三号に掲げる日を除き，特別の必要がある場合は，この限りでない。
　一　国民の祝日に関する法律（昭和二十三年法律第百七十八号）に規定する日
　二　日曜日及び土曜日
　三　学校教育法施行令第二十九条の規定により教育委員会が定める日
（※中学校、高等学校等においても同様）

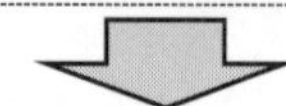

【改正後】

○ 公立学校において，当該学校を設置する地方公共団体の教育委員会等が必要と認める場合は，土曜日等に授業を実施することが可能であることを明確化。

■第六十一条　公立小学校における休業日は，次のとおりとする。ただし，第三号に掲げる日を除き，当該学校を設置する地方公共団体の教育委員会が必要と認める場合は，この限りでない。
　一～三（略）
（※中学校、高等学校等においても同様）

5

土曜日の教育活動の形態

子供たちの健やかな成長のためには，土曜日の教育環境を豊かなものにする必要がありますが，土曜日の教育活動については，その実施主体や扱う内容等により，幾つかの形態に整理できます。

(① 「土曜授業」について)　←　*子供たちは全員参加*

そうした形態のうちの一つが，児童生徒の代休日を設けずに，土曜日を活用して教育課程内の学校教育活動を行う「土曜授業」です(下図①)。文部科学省では，設置者の判断により，「土曜授業」を行うことが可能であることを明確化するため，昨年11月29日に学校教育法施行規則の改正を行いました。

(② 「土曜の課外授業」について)

このほか，学校が主体となった教育活動ではあるものの，希望者を対象として学習等の機会の提供を行うなど，教育課程外の学校教育を行う「土曜の課外授業」とも呼ぶべき形態があります(下図②)。

(③＋④ 「土曜学習」について)　←　*子供たちは希望者が参加*

また，教育委員会など学校以外の者が主体となって，希望者に対して学習等の機会の提供を行う「土曜学習」とも呼ぶべき形態があります。この「土曜学習」については，主体が公的なもの(下図③)と，主体が公的でないもの(下図④)があります。

例えば、大分県豊後高田市教育委員会が実施している「学びの21世紀塾」の取組は、下図③に該当します。

<土曜日の教育活動について>

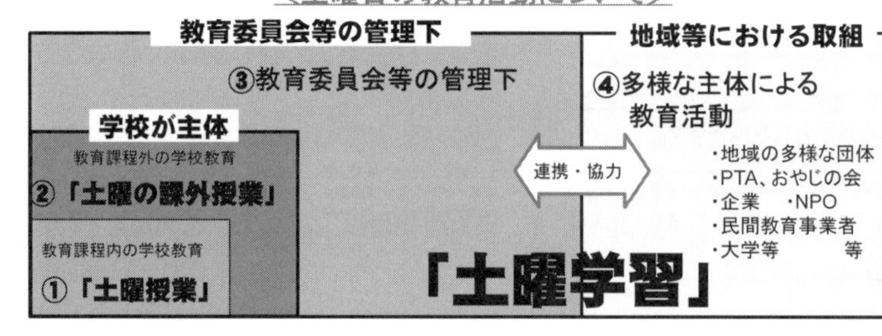

文部科学省としては，「土曜授業」や，「土曜の課外授業」，「土曜学習」の機会の充実等により，総合的な観点から子供たちの土曜日の教育環境の充実に取り組むことが重要であり，その振興に取り組んでいきたいと考えています。

6

平成26年度における土曜日の教育活動実施状況

※平成26年度の実施予定の学校数（H26．3調査）

①「土曜授業」

学　校	平成26年度予定（実施割合）
小学校	3，565校　(17%)
中学校	1，794校　(18%)
高等学校	214校　(6%)
計	5，573校　(16%)

（参考：「土曜授業」の平成24年度実績）

学　校	平成24年度実績（実施割合）	増　加
小学校	1，801校　(9%)	1，764校
中学校	966校　(10%)	828校
高等学校	142校　(4%)	72校
計	2，909校　(9%)	2，664校

②「土曜の課外授業」

学　校	平成26年度予定（実施割合）
小学校	806校　(4%)
中学校	639校　(7%)
高等学校	1，468校 (40%)
計	2，913校　(9%)

③「土曜学習」

	平成26年度予定（実施割合）
小学校	4，972校　(24%)
中学校	838校　(9%)
高等学校	775校　(21%)
計	6，585校　(19%)

◆「土曜授業」，「土曜の課外授業」，「土曜学習」をいずれか一つでも実施
⇒　約13,000校（約40%）の学校や地域で実施

	平成26年度 いずれか一つでも実施予定	(実施予定の割合)
小学校	7，981校	(38%)
中学校	2，677校	(27%)
高等学校	2，072校	(57%)
計	12，730校	(37%)

（参考：全国の公立学校数）

	公立学校数
小学校	20，836校
中学校	9，784校
高等学校	3，646校
計	34，266校

7

土曜日の教育活動推進プラン

平成26年度から実施

背景・意義

○ 学校、家庭、地域の三者が連携し、役割分担しながら、学校における授業、地域における多様な学習や体験活動の機会の充実などに取り組むことにより、土曜日の教育環境を豊かなものにすることが必要。そのための方策の一つとして、平成25年11月に学校教育法施行規則の改正を行い、設置者の判断により、土曜授業を行うことが可能であることを明確化したところ。

○ 平成26年度、**質の高い土曜授業の実施のための支援策や企業・団体等の外部人材を活用して地域における多様な学習、文化やスポーツ、体験活動など様々な活動を促進するための支援を実施**。平成27年度については、地域の要望等を踏まえ、**プログラムの内容の充実するとともに実施校数の拡充を図ることによって**、子供たちにとってより豊かで有意義な土曜日を実現。

平成27年度概算要求のポイント

① 土曜授業推進事業 （1億円）（H26:1億円）

学校における質の高い土曜授業を推進するため、効果的なカリキュラムの開発、土曜授業コーディネーターの配置、特別非常勤講師や外部人材、民間事業者等の活用を支援するとともに、その成果を普及。

（平成26年度の取組例）

総合的な学習の時間を活用した地域に関する学習、キャリア教育、英語教育、学校行事の地域への公開、各教科における補充学習・発展的学習・習熟度別学習　等

・全国約35地域（約175校程度）をモデル地域として指定し、月1回程度、土曜日ならではの特性を生かし、質の高い土曜授業を実施するため、カリキュラム開発や土曜授業コーディネーターの謝金、特別非常勤講師の報酬、外部人材の謝金・旅費、民間事業者の活用等を支援
・国における検証会議の開催、事例集の作成等

② 地域の豊かな社会資源を活用した土曜日の教育支援体制等構築事業（21億円）（12,000か所）（H26:13億円，約5,000か所）

体系的・継続的な教育プログラムを企画・実施できるコーディネーターや企業・団体等の協力による多様な経験や技能を持つ土曜教育推進員を配置し、土曜日の教育活動を行う体制を構築し、地域の活性化を図る。

土曜日に年間約10日程度の多様な教育プログラムを実施するためのコーディネーターと土曜教育推進員の謝金及び教材費 （補助率：1/3）
（小学校：約8,000校区、中学校：約2,500校区、高等学校等：約1,500校区）

（参考）土曜日等の教育活動の実施予定状況

（H26文部科学省調べ）

○公立学校における土曜授業の実施予定状況（約5,600校で実施予定）

	実施予定学校数	実施予定割合
小学校	3,565校	17.1%
中学校	1,794校	18.3%
高等学校	214校	5.9%

○学校が場所を提供し、「土曜学習」の実施を予定している学校数（約6,500校で実施予定）

	実施予定学校数	実施予定割合
小学校	4,972校	23.9%
中学校	838校	8.6%
高等学校	775校	21.3%

○土曜授業、土曜の課外授業、土曜学習（学校が場所を提供）を、いずれか一つでも実施予定である学校数（約12,700校で実施予定）

	実施予定学校数	実施予定割合
小学校	7,981校	38.3%
中学校	2,677校	27.4%
高等学校	2,072校	56.8%

8

地域の豊かな社会資源を活用した土曜日の教育支援体制等構築事業

平成27年度要求・要望額 2,126百万円（新規改組）
（平成26年度予算額1,333百万円（新規））

全ての子供たちの土曜日の教育活動を充実するため，地域の多様な経験や技能を持つ人材・企業等の協力を得て，土曜日に体系的・継続的な教育プログラムを企画・実施する学校・市町村等の取組を支援することにより，教育支援に取り組む体制を構築し，地域の活性化を図る。
（4,850か所 → 12,000か所）。　＊市区町村等を支援する事業

【補助率】	
国	1/3
都道府県	1/3
市町村	1/3

◆地域の多様な経験や技能を持つ人材をコーディネートし，土曜日ならではの生きたプログラムを実現！

◆土曜日の教育支援体制の仕組み◆

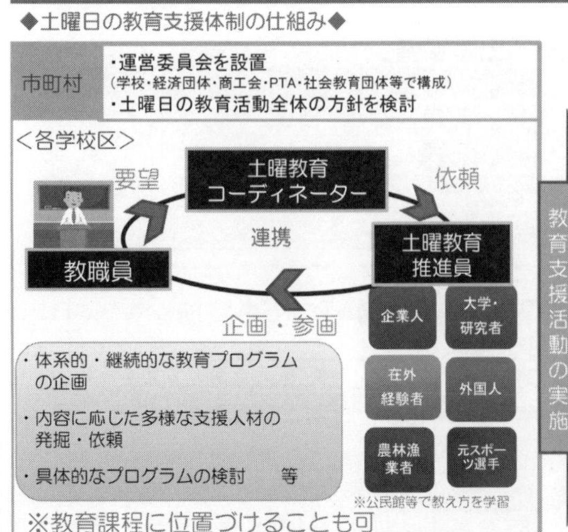

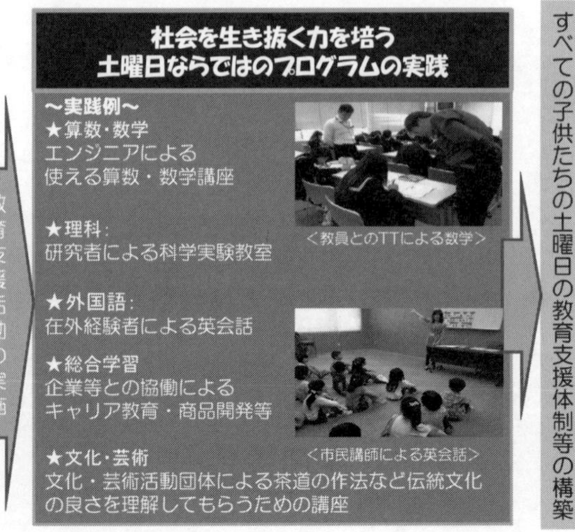

すべての子供たちの土曜日の教育支援体制等の構築

9

放課後子供教室を活用した土曜日の多様なプログラムの事例

大和高田市土曜塾（奈良県大和高田市） ※国庫補助

活動の区分			
学校支援地域本部	放課後子供教室	コミュニティ・スクール	その他
－	○	－	－

取組の概要

○公民館を中心に土・日曜日の子供の居場所づくりを実施。
○その中で，学習支援，自然体験，伝統文化，地域の行事への参加等，多様な取組を実施。
○参加する子供が市内全域に広がり，保護者同士の交流する場も増加。
○地域の祭りに参加することで，積極的に地域の活性化に貢献。

漢字検定対策

陶芸教室

桜華殿前絵画教室

いちご狩り

もちつき大会

高田おかげ祭り

特　徴

★校区を越えた子供・親・地域の人々と関わりにより，様々な価値観に触れ，子供の学習に対する意欲が上昇。
★野外活動での自然体験が，親子のコミュニケーションをより活発にし，子供の体験活動の幅が拡大。
★祭りや餅つき等の行事を通じて，市民としての共通意識が高まり，達成感と共に協働の必要性を認識。
★伝統文化に親しみ，小・中学生が主役になる場面を設定し，コミュニティ活性化の中心へと変化。

事業を実施して

（子供の声）「家でできないこと，小学校ではできない体験がたくさん体験できた。土曜塾は楽しいよ。」
（保護者の声）「大和高田市のいろいろな学校の子供と触れ合うことができ，『また，土曜塾で会おうね！』と心待ちにしている。土曜塾での体験は素晴らしいもので，親子のコミュニケーションが活発になった。」

10

放課後の多様なプログラムの実施の例

東京都品川区（第二延山小学校）

すまいるスクール第二延山（えんざん）放課後子供教室
～遊びも学びも友だちといっしょ！放課後のみんなの居場所～

取組の概要

「勉強会」，「教室」，「フリータイム」を中心に，多様な内容の事業を実施

勉強会　学校の授業と連携して，主に国語と算数の復習を行い，教員免許を持った指導員が学習を指導

教室　囲碁やパソコンや野球など，体験的，趣味的な活動やスポーツなどを保護者や地域ボランティアの協力を得て実施

フリータイム　宿題や読書で静かに過ごしたり，活動的に伝承遊びやスポーツをしたりするなど，自由に過ごす時間。

【勉強会の様子】

特　徴

☆すまいるスクールの専用スペースのほか，特別教室，体育館，校庭など校内各施設について，空いているときは優先的に使用することが可能。
☆必ず受付をしてから活動に参加し，下校するときにも必ず受付を行うこととしており，児童の所在把握を確実化。
☆学校と一体化した運営をしており，子供たちについて指導員と担任の先生との情報交換も行い，密に連携。

【囲碁教室の様子】

主な取組の成果

○保護者からは，学校内で活動しているので安心している。さまざまな経験が出来るので良いと好評。児童からは友だちと遊べる，好きな遊びができる，イベントが楽しいなど，個々の状況に合わせて事業展開を実施。
○品川区では学校選択性を導入しており，すまいるスクールの存在が学校選びのポイントの一つに。

11

学校支援地域本部を活用した中学生向けの土曜日の教育活動の事例（大阪府池田市）

〈池田中学校区MTP（マイ タウン プロジェクト）〉

池田中学校HPを参考に文科省にて作成

「池田中学校区MTP」とは，①社会，②文化，③学力といった分野で，学校行事，職場体験，学習サポート，クラブ活動など子供たちに関わるあらゆるサポートを行う組織。
スタッフ登録は約300名（平成23年度実績）。DJ（土曜授業）や「よのなか」科の授業などを中心に実施。

取組の概要

教員を中心として，保護者や大学生など地域の方がAT（アシスタントティーチャー）として参加し実施

【DJB】（土曜授業(*)ベーシック）

・中学1年生を対象する，小学校の算数の基本的な内容
（小学校3．4年生を中心に6年生までの算数）（1学期に実施）

【従来型DJ】（従来型土曜授業(*)）

・全学年を対象とした理科の実験教室や数学，社会の補習授業
・前半30分が学校の先生による補習授業，残りの60分はプリント学習を実施
（実施の内容を事前に生徒に周知し、希望する生徒が自由に参加する）

【ジョイントDJ】（ジョイント土曜授業(*)）

・中学3年生を対象とした受験対策（3学期に実施）

小学校算数に取り組む
1年生とMTPｽﾀｯﾌ

池田市立 池田中学校 MTP マイタウン・プロジェクト
2008年度 構成図

MTP事務局会議
企画の決定
日程の調整
全体の掌握
予算の計画と執行

ふれあい
ボランティア活動をきっかけとして、人と人との関わり方を学びます。

社会
進路のゴールを社会に設定し、「働く」意味を理解し、仕事について学びます。

文化
知識の吸収だけで終わらせない、生きて行く上で役に立つ講座や活動を行います。

自然
自然と環境を、風情・理科・アウトドアの他、いろんな角度で学びます。

学力
エリートの育成は行いません。「教え方」に重点を置いて取り組みます。

健康
体を鍛え、能力を伸ばすだけで終わらせず、健康に生きるための活動を行います。

*このページの「土曜授業」とは池田中学校独自の取組名称であり、教育課程外の取組である。

12

団体との連携による学力向上のための土曜日の学習機会の提供事例

～土曜日に児童・生徒のための学習の場を開設！
学習機会の拡充を図る～

大阪府大東市（市単独事業）

取組の概要

○ 平成22年度から学力の向上と自学自習力を高めることを目的に，大東市独自の事業として開始
○ 実施については公益社団法人全国学習塾協会に委託。同協会より派遣される塾講師が指導及び年間カリキュラム作成を担当
○ 青少年教育センター（市内2ヶ所）・市民会館の計3ヶ所で開設
○ 毎週土曜日実施（平成25年度　44回実施予定）

【小学生クラスの授業風景】

取組内容

【小学4・5・6年生ゼミ】

・対象 … 市内公立小学校（12校）に通う
　4，5，6年生児童（※学年ごとに実施）
・実施時間 … 1コマ（50分）
・科 目 … 算数
・受講料 … 1，000円/月
・教材費 … 1，100円/年間

【中学生ゼミ】

・対象 … 市内公立中学校（8校）に通う
　1，2，3年生生徒（※学年ごとに実施）
・実施時間 … 2コマ（50分×2コマ）
・科 目 … 数学，英語
・受講料 … 2，000円/月
・教材費 … 2，200円/年間

※ 受講生が生活保護法の規定による生活扶助および就学援助制度を受けている場合は，受講料を免除

実施の状況（平成25年度 申し込み状況）

○ 小学4～6年生・・・206名
（大東市の小学生の6%）

○中学1～3年生・・・144名
（大東市の中学生の4%）

13

子供たちが主体となる土曜学習の取組事例　（滋賀県湖南市）

「地域の人は学校へ　生徒は地域へ」をキャッチフレーズに地域コーディネーターを中心に活動

ポイント

中学生が主体的に活動し、子供たちと地域が連携した土曜日の教育活動

事例１「サマースクール」

○日枝中学校の生徒が、校区内の小学生に夏休みの宿題を支援する取組。
　地元小学生の保護者からの相談から実現。
○地域ボランティア、地元高校生も活動に参加してサポートしている。
○「ウインタースクール」の実施についても予定している。

事例２「美文字教室」

○日枝中学校の生徒が、校区内の小学生に書き初めを指導する取組。
○地域の文字の達人や保護者も活動に参加している。
○地元高校の書道部と日枝中学校のブラスバンド部で書道パフォーマンスを披露。

取組の効果

○中学生は、自分にも出来ることが沢山あり、十分に人の役に立てることを実感する機会となり、自己肯定感を高めることができる取組になっている。
○小学生は、自分も将来指導者になろうと思い、努力するきっかけとなっている。

14

博物館を活用した土曜学習の事例～子ども科学・ものづくり教室～（熊本市）

取組の概要

◆歴史民俗博物館を活用して、研究員や学芸員等の参画を得て、土曜日に科学・ものづくり教室を実施（年間約30回）
◆対象：市内の希望する小中学生（親子参加も可）

プログラム例

～科学実験や科学工作などの体験を通して、楽しく活動しながら自然科学の原理や技術などを学ぶ機会を提供する～

◆宙返りバードを作って飛ばそう
薄くスライスした断熱材で鳥型飛行機を作り、一回転宙返りして飛ぶように翼の傾きを工夫

◆アンモナイトのレプリカを作ろう
アンモナイトの型枠に石膏を流し込み、レプリカを制作（墨での色づけも含む）

◆水中UFOキャッチャーを作ろう
浮力を調節して魚（浮沈子：調味料入れで代替）を活用したリング拾い

◆紙パックカメラをつくろう
工作用紙と凸レンズを組み合わせた簡単なカメラを作り、感光紙を使った撮影体験を実施

熊本博物館での土曜学習

参加：小学校１年生から中学生
講師：博物館研究員

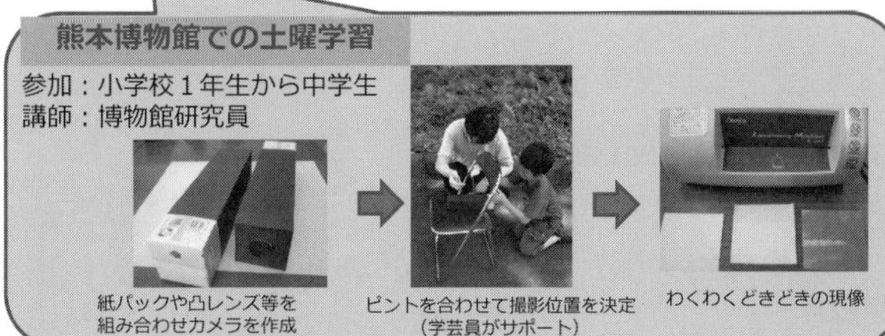

紙パックや凸レンズ等を組み合わせカメラを作成 → ピントを合わせて撮影位置を決定（学芸員がサポート） → わくわくどきどきの現像

成果

・研究員等の指導により、ものづくりの面白さを体験
・単発に終わらずに、継続して多様なプログラムから自然科学を学ぶ機会に。
・親子参加を通じて、家庭での学習やコミュニケーションのきっかけに。

15

高等学校の取組事例　「地域人材を活用した土曜教育推進事業」（愛媛県）

県全体の取組の概要

◆生涯学習課と高校教育課が連携し、県内6校の県立高等学校で実施
◆県において、コーディネーター、土曜教育推進員、教員、ボランティア等が会する研修を年3回実施。
◆各学校の特色を生かし、特色に応じた外部人材の協力を得て土曜学習を展開

松山南高校砥部分校の実践

～デザイン科の特性を生かした土曜学習の新しい展開～

◆コーディネーター：
県立産業技術研究所窯業技術センター嘱託研究員

◆土曜教育推進員：
グラフィックデザイナー、地域砥部焼作家、地域茶道講師

◆主な内容：

①問題解決のためのデザイン
「デザイン＝問題解決のソフト」と捉え、
デザインを通じて地域の課題解決・活性化につなげる。
～砥部町を全国にPRするためには何ができるか～
<ワークショップ型での土曜学習の実践>
・町の好きなところ・嫌いなところを10個ずつ考えプレゼン
・砥部町内を取材し材料集め
・PRのためのアイディアを形に（今後実施予定）

②陶芸作品の制作
龍泉窯代表を講師に、照明器具のデザインの制作・コンテストへの出品

③伝統文化に触れる茶道教室
茶道の平手前を学ぶとともに、掛け軸、花入れ、茶碗などの伝統工芸品に直接触れ、味わいを楽しむ。

成果
・外部講師の参画により希薄だった高校と地域の繋がりが生まれた
・土曜学習を通じて、県内唯一のデザイン科の学校として、専門的なものづくりに関わりたいと考えるようになった。
・もっと継続して学びたいという要望が強く、現状の土曜学習だけでは時間数が足りず、こうした時間を充実したい

宇和島水産高校の実践

～水産業や環境保全の知識・技術の向上を通じて地域貢献に取り組む～

◆コーディネーター：　地元真珠養殖業者・元同校PTA会長

◆土曜教育推進員：
地元の農家、地元養殖業者、料理研究家、缶詰博士等

◆主な内容：
・食育や環境教育、魚食教育
・地元食材を使用した缶詰の開発・販売（ラベルも生徒が制作予定）を通じた水産加工技術の習得・向上・地域貢献

松山商業高校の実践

～難易度の高い国家資格取得を目指し、地域産業を担うビジネスのスペシャリストを育てる～

◆コーディネーター：
電子ビジネス専門学校　校長

◆土曜教育推進員：
大学講師、専門学校講師、元NHKアナウンサー等

◆主な内容：
・専門的知識を有する指導者による、簿記や語学検定、情報技術、IT等の資格試験等に向けた学習

16

土曜学習等における企業・団体・大学等との連携例

土曜日や長期休業中などに，**企業・団体・大学等の方々が**，例えば，**公民館や青少年教育施設，学校等を利用**して，土曜学習会や放課後子供教室への参加児童・生徒の学習活動を充実！
（例えば，①放課後や土曜日は公民館等で学習，②長期休業中は青少年教育施設等で学習と自然体験・スポーツ体験　など）

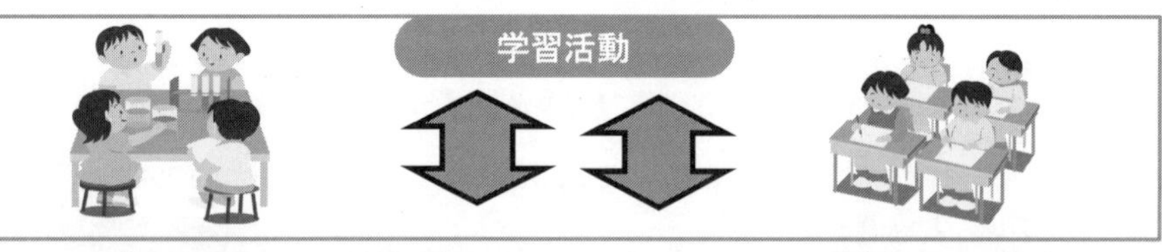

企業・団体・大学等と市町村が連携したﾌﾟﾛｸﾞﾗﾑを企画して，子供と指導者・ボランティア（保護者・大学生等）が参加

公民館・青少年教育施設，学校等

土曜学習会

17

「土曜学習応援団」に関するQ＆A

Q.土曜学習応援団になるとどんなメリットがありますか?

A 出前授業等にご協力いただくことで、各企業・団体・大学等の強みや社員の経験を子供たちに伝えることができ、次代を担う人材の育成に貢献できます。
また、地域との連携ができ、各社等の取組に対する理解が深まるなど、企業イメージの向上にもつながります。
なお、出前授業の事例等について、文部科学省よりホームページや自治体への説明会などを通じて広く周知させていただくことも可能です。

Q.土曜学習応援団になると何か負担がありますか?

A 出前授業等の講師としてご参加いただいたり、関連団体・支社等への土曜学習応援団のご紹介等をお願いしていますが、ご賛同に際し、協賛金等の負担をお願いすることはありません。
また、出前授業等については、地域や日時等の条件に応じて、実施の可否をご判断いただけますので、できる範囲でご協力をいただければ結構です。

Q.出前授業等を実施するためにはどうしたら良いですか？

A まず、企業・団体・大学等の連絡窓口を登録いただきます。学校等からの依頼がありましたら、文部科学省から窓口の方にご連絡し、依頼内容をご確認の上、実施の可否をご判断いただきます。なお、やりとりを重ねる中で、学校等から直接ご連絡することもあります。

＜参考＞
・土曜学習の実施主体は、その学校を設置する自治体。
・自治体では教育委員会の社会教育課等の部署が担当。
・土曜学習だけでなく、平日や土曜日の授業、放課後の活動における出前授業も実施可能です。

Q.取組に対する助成措置はありますか?

A 出前授業に係る講師謝金や旅費等をお支払いできるか、無償でお願いするかは、実施主体である自治体の判断となります。
なお、文部科学省では、自治体が出前授業の講師等に支払う謝金等に対して自治体向けに補助事業を新設しました。
（文部科学省の支援は、上限2,200円／時間）

18

土曜学習応援団について

<平成26年12月17日現在の賛同企業・団体・大学等（敬称略）>

○賛同数：１２４

<企業・経済団体等>

アフラック，花王，カシオ計算機，キッコーマン，ゼンショー，ダスキン，
凸版印刷，野村ホールディングス，損保ジャパン日本興亜ホールディングス，
日興證券，パナソニック，ぴあ，チームスマイル，三菱商事，ニチイ学館，
読売新聞社，朝日新聞社，中日新聞社，東洋ライス，
日本経済団体連合会，日本貿易会，
全国信用金庫協会，岐阜信用金庫など３６信用金庫，日本証券業協会，
全国銀行協会，日本損害保険協会

<団体>

日本青年会議所，日本PTA全国協議会，全国高等学校PTA連合会，
ボーイスカウト日本連盟，全国子ども会連合会，日本レクリエーション協会，
日本博物館協会，国立科学博物館，日本青年館，
日本数学検定協会，ＮＰＯ日本語検定委員会，日本ニュース時事能力検定協会，
日本舞踊協会，落語芸術協会，日本手芸普及協会，全日本ピアノ指導者協会，
武士道剣会，おやじ日本，ＮＰＯ教育支援協会，日本学生社会人ﾈｯﾄﾜｰｸ，
ジュニアマナーズ協会，ＮＰＯアイデアツリーヒラメキ，
「早寝早起き朝ごはん」全国協議会，危険学プロジェクトグループ８

<大学等>

高知工科大学　など

○その他：約１２０社・団体・大学等と交渉中

19

第１部：「土曜日教育ボランティア応援団」による土曜学習プログラム概要

①キレイのタネまき教室「おそうじについて学ぼう！」

講師：ダスキン社員　|ダスキン　低学年

経済産業省主催　第4回「キャリア教育アワード」
優秀賞受賞プログラム

【1部】どうして掃除をするのだろう（15分）

汚れの正体や種類、そしてその汚れを放っておくとどんな影響があるかを考えることで、掃除の意義について理解を深めます。

①日頃の掃除に対する意識を確認
②どうして掃除をするのかを考える
-汚れの種類、正体を知る
-ホコリを放置しておくとどのような影響が出るかを知る
-汚れには目に見えるもの・見えないものがあることに気づく
-ホコリが及ぼす影響を知り、掃除をする意味を考える

【2部】掃除用具を正しく使おう（45分）

ホウキ・チリトリ・ぞうきんなどの正しい掃除用具の使い方を知ることで、掃除への取り組み意欲の向上につなげます。

①【実習】用具の正しい使い方を知る
-ホウキ・チリトリ・ぞうきんの正しい使い方を、実習を通して理解する
②映像教材（DVD）で学んだことをふりかえる

DUSKIN

②文部科学省「夢授業」（チアリーディング）

低学年　中学年

講師：須原愛記(文科省・国研)ほか若手職員　|文部科学省
<協力：公益社団法人 日本チアリーディング協会>

・講師が、中学校で1年間教えた経験も踏まえ、将来の夢を持って努力することや、新しいことへの挑戦の大切さを語ります。
・また、野球やバレーボールなどでおなじみのチアリーディング。チームの仲間や見ている方々も勇気づけます。そんなチア入門を一緒に体験しませんか。

●ねらい

チアダンスの体験を通じて、新しいことに挑戦することの楽しさ、仲間と協力することについて学びます。
また、友達や周りの人を思いやり、元気づけることの大切さを映像資料や講師の体験を聞いて、参加者で考えてみます。

●学習の流れ（予定）

① 映像「チアリーディングの魅力」、講師による体験などの語り
② 準備体操、簡単な振付、グループに分かれて練習
③ ダンス発表、どうすれば周りの人に元気を与えられるか
④ まとめ

20

第１部：「土曜日教育ボランティア応援団」による土曜学習プログラム概要

③ハイブリッドカー工作教室 ～手作りハイブリッドカーを走らせよう～

世界中で行われているハイブリッドカー工作教室を紹介します！
キッズスクールオリジナルハイブリッドカーを手作りしながら、環境やエコについて楽しく学べるよ！

講師：
パナソニック社員　|パナソニック　中学年以上　親子可

1. ハイブリッドって何だろう!?
2. ハイブリッドカーのしくみを学ぼう！
3. 組み立てスタート！
4. テストコースを走らせてみよう！

④ 笑って、楽しめて、学べる学校＝笑楽校

講師：品川庄司・庄司智春｜吉本興業　低学年　中学年
コンテンツ監修：東京学芸大学

世の中にあるコトを、１００とした場合、今の学校教育、塾、習い事で出会えるものは１くらいじゃないだろうか。残りの９９に、きっと、次の未来を担う子どもたちの可能性がつまっているのではないか。

世の中にある素晴らしいものにひとつでも多く出会える場所として、笑楽校＝可能性を高める授業はあると考えます。

笑楽校は、吉本興業が東京学芸大学の監修のもと推進する、子どもたちが様々な可能性と出会っていくことで、人間力を大きく育てる教室です。先生は、プロフェッショナルの人たち。ひとつの企業学校や職業体験になるのではなく、そこから人生にきっと役に立つ、いつかつながることを習うことができるように設計していきます。その可能性に出会ったこどもたちは、「自信」をもち、明るく元気な子へと変化します。

大事な人へ手紙を書いて自分の気持ちを大声で叫ぼう！

今回は品川庄司　庄司先生の「大事な人へ手紙を書いて気持ちを大声で叫ぼう」という授業。庄司先生が、気持ちを綴るポイントを伝え、皆で手紙を書く。大好きな人への「想い」を言葉にのせて伝達することに一生懸命になる人は、言葉との「格闘」を通して、不思議なことに、言葉で「自分」自身をも振り返り見つめ直すことができるようにもなったりする。

ちょっと照れくさい、庄司先生とのラブレターづくりをとおして、大切なことがみつかるかも・・・

資料編

21

第１部：「土曜日教育ボランティア応援団」による土曜学習プログラム概要

⑤Jリーグをとりまくよのなかの仕組み

講師：Jリーグ職員　|日本プロサッカーリーグ　高学年

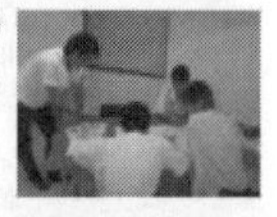

～土曜日は学校へ！子どもの学びを皆で支えよう！～

参加者募集！　参加費無料

お申し込みは、別紙に必要事項をご記入のうえご提出ください。　高学年

■日時：平成26年4月26日(土) 9:30～10:30

■場所：品川区立日野学園

■進行役：西野 努さん（元 浦和レッズ選手）

Jリーグをとりまくよのなかの仕組み

自分の夢を実現するためには何が必要なんだろう？

- Jリーグってどんな人に支えられているの？
- Jリーグをとりまく仕事やお金って？
- サッカーに関わる仕事の役割って？

（写真提供：©J.LEAGUE PHOTOS）

⑥世界のお金を学ぼう（まなぼう教室）

講師：野村グループ社員　|野村グループ　高学年

プログラムの特徴

1 体験型ワークで楽しく学ぶ！
グループで行うゲームを通して楽しみながら「為替」のしくみについて理解することができます

2 身近な事例でわかりやすく学ぶ！
お金の役割や価値を子どもたちの身近な事例から考えることができます

プログラムのねらい

本プログラムは、ゲームを通じて国によって通貨が異なること、その異なる通貨を交換する必要があることを知るとともに、世の中のさまざまな要因により通貨の価値が変動することを知ることをねらいとしています。

プログラムの内容

1	●それぞれの国の通貨にはどんなものがあるのだろう？
2	●円をドルに交換してみよう！ サイコロの目によって通貨の価値が変化。 海外旅行のお小遣いは何ドルに？

22

第１部：「土曜日教育ボランティア応援団」による土曜学習プログラム概要

⑦ふれあい囲碁教室

講師：水間 俊文 七段　|日本棋院
　　　巻幡 多栄子 四段　|日本棋院

・初心者から楽しく学べる囲碁の世界。友達や親子でふれあいつつ囲碁の楽しさを学びます。

親子可　低学年　中学年　高学年

伝統文化　考える力　コミュニケーション力　礼儀作法

囲碁体験教室のご案内

第２部　星出 彰彦 宇宙飛行士の講演「宇宙にかける夢」、大臣・子供たちとの対話

○星出飛行士によるご講演：「宇宙にかける夢」

- 映像を交えて宇宙飛行士のご紹介
- 子供たちとの質疑応答の形式で「夢」について講演
  小学生の頃の夢、宇宙飛行士になるために努力したこと、ISS「きぼう」での経験、子供たちへのメッセージ等

○子供たちとの対談

- 大臣と星出飛行士の対談
  - 星出飛行士の講演への感想・質問
  - 夢を持つこと、夢を叶えるための努力の大切さ等
- 子供たちの「夢」
  - 大臣と星出飛行士からアドバイス
  ※大臣、星出飛行士への質問も受付

写真：ＪＡＸＡ　ＨＰより

23

学校・家庭・地域の連携協力推進事業

（平成26年度予算額　3,814百万円）
平成27年度要求・要望額　5,659百万円（新規改組）

【補助率】

国	1/3
都道府県	1/3
市町村	1/3

　近年、子供を取り巻く環境が大きく変化しており、未来を担う子供たちを健やかに育むためには、学校、家庭及び地域住民等がそれぞれの役割と責任を自覚しつつ、地域全体で教育に取り組む体制づくりを目指す必要がある。

　そのため、地域住民や豊富な社会経験を持つ外部人材等の協力を得て、学校支援地域本部、放課後子供教室、家庭教育支援、地域ぐるみの学校安全体制の整備、スクールヘルスリーダー派遣などの学校・家庭・地域の連携協力による様々な取組を推進し、社会全体の教育力の向上及び地域の活性化を図る。特に、学校支援地域本部を活用し、中学生を対象に大学生や教員OBなど地域住民の協力による原則無料の学習支援（地域未来塾）を新たに実施する。また、女性の活躍推進を阻む「小１の壁」を打破するとともに、次代を担う人材を育成するため、厚生労働省と連携した総合的な放課後対策をより一層充実させる。

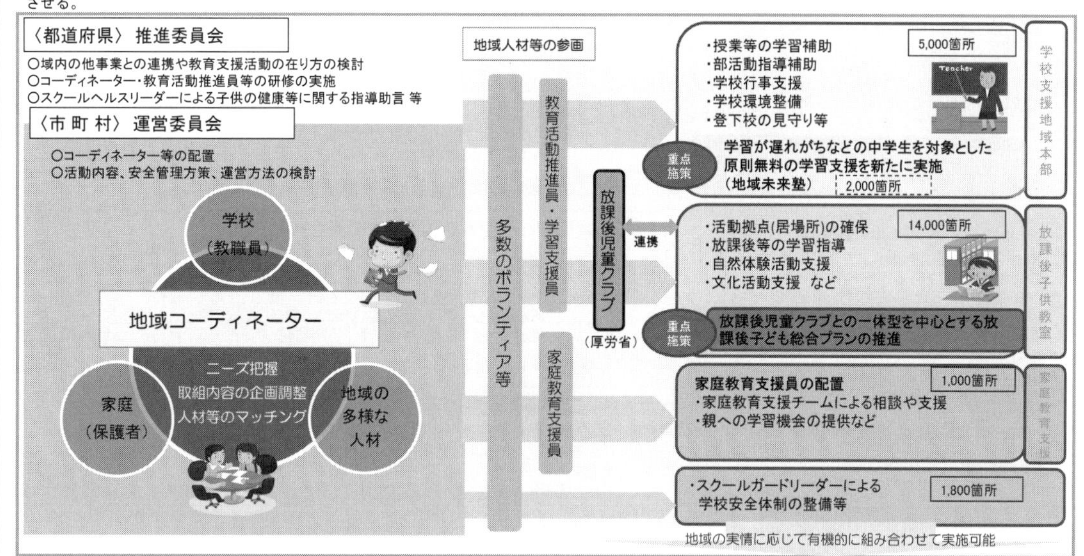

学校・家庭・地域が連携して地域社会全体で教育支援活動を実施し、地域コミュニティを活性化

24

放課後児童クラブと放課後子供教室について（事業の比較）

	放課後児童クラブ（厚生労働省）	放課後子供教室（文部科学省）
趣　旨	共働き家庭など留守家庭のおおむね10歳未満の児童に対して、放課後に適切な遊びや生活の場を与えて、その健全な育成を図る。（児童福祉法第6条3第2項に規定） ※平成24年の児童福祉法改正により、対象年齢を「おおむね10歳未満」から「小学校に就学している」児童とした。（平成27年4月施行予定）	すべての子供を対象として、安全・安心な子供の活動拠点（居場所）を設け、地域の方々の参画を得て、学習やスポーツ・文化芸術活動、地域住民との交流活動等の機会を提供する取組を推進 ※希望者が参加
H26予算額 補助先 補助率　等	33，223百万円の内数（特別会計） ※都道府県、指定都市、中核市（補助率1/3） （国・都道府県・市町村1:1:1） ※事業主拠出財源による補助金、別途保護者負担（利用料）あり	3，814百万円の内数（一般会計） ※都道府県、指定都市、中核市（補助率1/3） （国・都道府県・市町村 1:1:1）
実施箇所数	21，482か所（平成25年度）	10，376か所（平成25年度）
実施場所	小学校　52%（余裕教室28%、専用施設24%） 児童館　13%、その他（専用施設、公的施設など）35% （平成25年5月）	小学校　71%、公民館　13%、児童館　3%、 その他（中学校、特別支援学校など）13% （平成25年度） （参考）全小学校数：約20，000校
開設日数	原則として長期休業を含む年間250日以上	111日（平成25年度平均）
指導者	放課後児童支援員等（専任） [省令基準に基づく資格要件あり]（平成27年4月施行予定）	地域の協力者等（資格を問わないボランティアによって実施） [無償のボランティアで実施している箇所もある]

25

「放課後子ども総合プラン」の全体像

（平成26年7月策定）

趣旨・目的

○共働き家庭等の「小1の壁」を打破するとともに、次代を担う人材を育成するため、全ての就学児童が放課後等を安全・安心に過ごし、多様な体験・活動を行うことができるよう、一体型を中心とした放課後児童クラブ及び放課後子供教室の計画的な整備等を進める

国全体の目標

○平成31年度末までに
■放課後児童クラブについて、約30万人分を新たに整備
（約90万人⇒約120万人）
・新規開設分の約80%を小学校内で実施
■全小学校区（約2万か所）で一体的に又は連携して実施し、うち1万か所以上を一体型で実施
（約600か所⇒1万か所以上）を目指す
※小学校外の既存の放課後児童クラブについても、ニーズに応じ、余裕教室等を活用
※放課後子供教室の充実（約1万カ所⇒約2万カ所）

市町村及び都道府県の取組

○国は「放課後子ども総合プラン」に基づく取組等について次世代育成支援対策推進法に定める行動計画策定指針に記載
○市町村及び都道府県は、行動計画策定指針に即し、市町村行動計画及び都道府県行動計画に、
・平成31年度に達成されるべき一体型の目標事業量
・小学校の余裕教室の活用に関する具体的な方策
などを記載し、計画的に整備
※行動計画は、子ども・子育て支援事業計画と一体のものとして策定も可

国全体の目標を達成するための具体的な推進方策

学校施設を徹底活用した実施促進

○学校施設の活用に当たっての責任体制の明確化
・実施主体である市町村教育委員会又は福祉部局等に管理運営の責任の所在を明確化
・事故が起きた場合の対応等の取決め等について協定を締結するなどの工夫が必要

○余裕教室の徹底活用等に向けた検討
・既に活用されている余裕教室を含め、運営委員会等において活用の可否を十分協議

○放課後等における学校施設の一時的な利用の促進
・学校の特別教室などを学校教育の目的には使用していない放課後等の時間帯に活用するなど、一時的な利用を積極的に促進

一体型の放課後児童クラブ及び放課後子供教室の実施

○一体型の放課後児童クラブ及び放課後子供教室の考え方
・全ての児童の安全・安心な居場所を確保するため、同一の小学校内等で両事業を実施し、共働き家庭等の児童を含めた全ての児童が放課後子供教室の活動プログラムに参加できるもの

➢ 全ての児童が一緒に学習や体験活動を行うことができる共通のプログラムの充実
➢ 活動プログラムの企画段階から両事業の従事者・参画者が連携して取り組むことが重要
➢ 実施に当たっては、特別な支援を必要とする児童や特に配慮を必要とする児童にも十分留意
➢ 放課後児童クラブについては、生活の場としての機能を十分に担保することが重要であるため、市町村が条例で定める基準を満たすことが必要

放課後児童クラブ及び放課後子供教室の連携による実施

○放課後児童クラブ及び放課後子供教室が小学校外で実施する場合も両事業を連携
・学校施設を活用してもなお地域に利用ニーズがある場合には、希望する幼稚園などの社会資源の活用も検討
・現に公民館、児童館等で実施している場合は、引き続き当該施設での実施は可能

市町村及び都道府県の体制等

※国は「放課後子ども総合プラン」に基づく市町村等の取組に対し、必要な財政的支援策を毎年度予算編成過程において検討

○市町村には「運営委員会」、都道府県には「推進委員会」を設置し、教育委員会と福祉部局の連携を強化
○「総合教育会議」を活用し、首長と教育委員会が、学校施設の積極的な活用など、総合的な放課後対策の在り方について十分協議

26

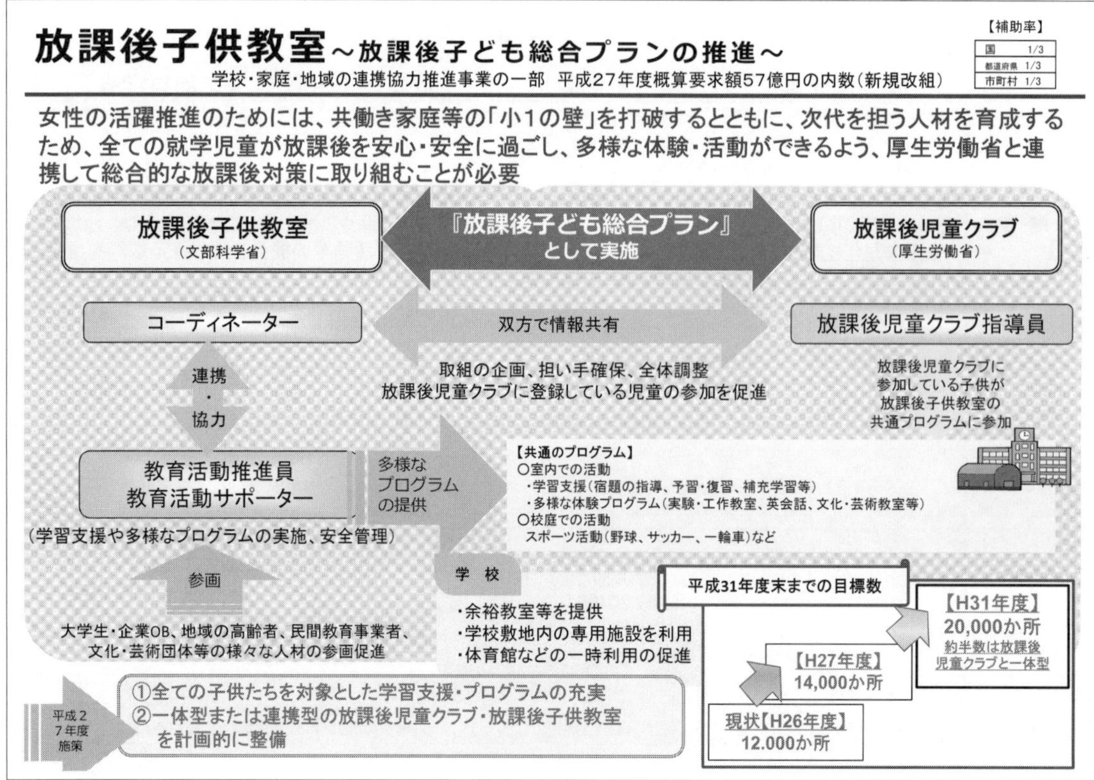

27

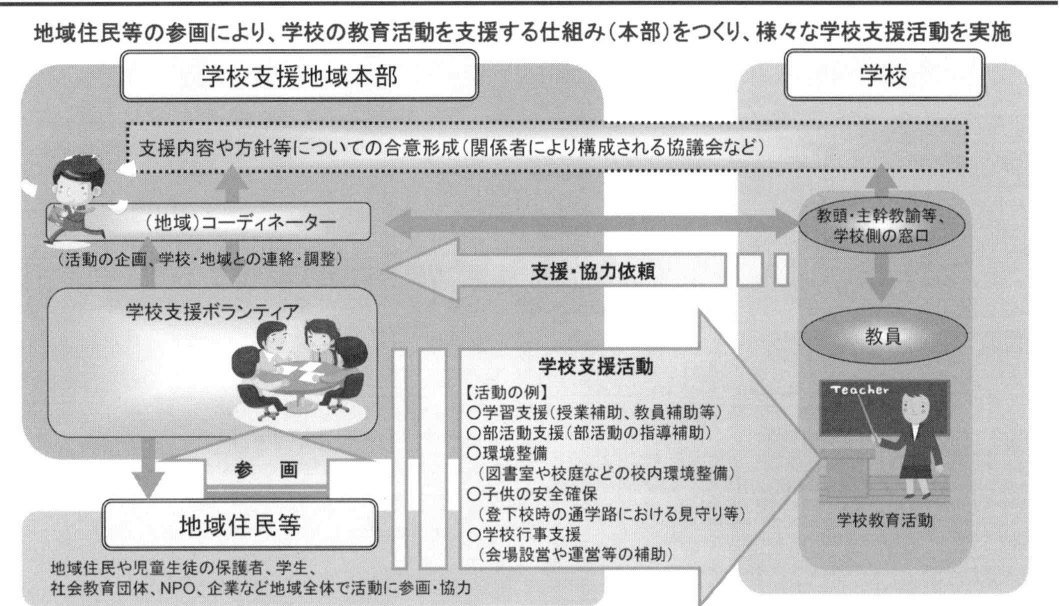
学校支援地域本部
平成25年度実施箇所数:3, 527本部
計8, 654校(小学校 5, 939校 中学校 2, 715校
(公立小中学校あたりの実施率:28%)
【補助率】
国 1/3
都道府県 1/3
市町村 1/3
学校・家庭・地域の連携協力推進事業の一部:平成27年度概算要求額57億円の内数(新規改組)
地域住民等の参画により、学校の教育活動を支援する仕組み(本部)をつくり、様々な学校支援活動を実施
学校支援地域本部
学校
支援内容や方針等についての合意形成(関係者により構成される協議会など)
(地域)コーディネーター
(活動の企画、学校・地域との連絡・調整)
教頭・主幹教諭等、学校側の窓口
支援・協力依頼
学校支援ボランティア
教員
学校支援活動
【活動の例】
○学習支援(授業補助、教員補助等)
○部活動支援(部活動の指導補助)
○環境整備
(図書室や校庭などの校内環境整備)
○子供の安全確保
(登下校時の通学路における見守り等)
○学校行事支援
(会場設営や運営等の補助)
Teacher
学校教育活動
参画
地域住民等
地域住民や児童生徒の保護者、学生、
社会教育団体、NPO、企業など地域全体で活動に参画・協力
地域で学校を支援する仕組みづくりを促進し、子供たちの学びを支援するだけでなく、地域住民の生涯
学習・自己実現に資するとともに、活動を通じて地域のつながり・絆を強化し、地域の教育力の向上を図る

28

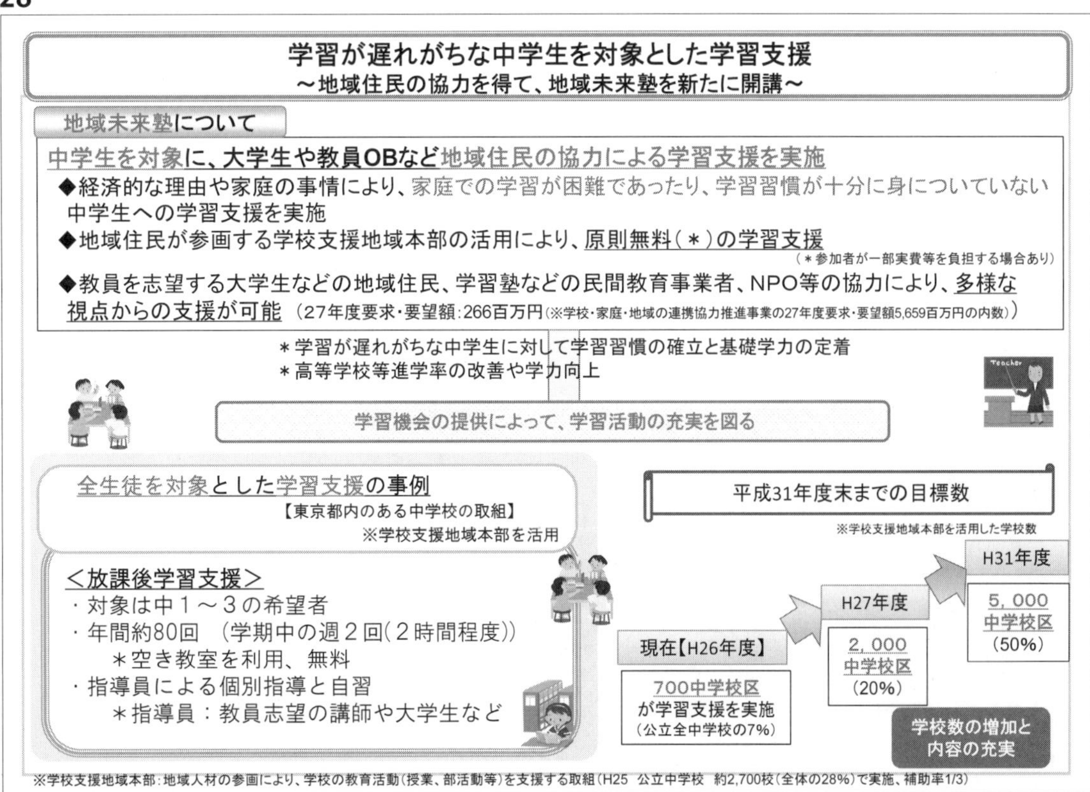
学習が遅れがちな中学生を対象とした学習支援
～地域住民の協力を得て、地域未来塾を新たに開講～
地域未来塾について
中学生を対象に、大学生や教員OBなど地域住民の協力による学習支援を実施
◆経済的な理由や家庭の事情により、家庭での学習が困難であったり、学習習慣が十分に身についていない
中学生への学習支援を実施
◆地域住民が参画する学校支援地域本部の活用により、原則無料(*)の学習支援
(*参加者が一部実費等を負担する場合あり)
◆教員を志望する大学生などの地域住民、学習塾などの民間教育事業者、NPO等の協力により、多様な
視点からの支援が可能 (27年度要求・要望額:266百万円(※学校・家庭・地域の連携協力推進事業の27年度要求・要望額5,659百万円の内数))
*学習が遅れがちな中学生に対して学習習慣の確立と基礎学力の定着
*高等学校等進学率の改善や学力向上
学習機会の提供によって、学習活動の充実を図る
全生徒を対象とした学習支援の事例
【東京都内のある中学校の取組】
※学校支援地域本部を活用
<放課後学習支援>
・対象は中1～3の希望者
・年間約80回 (学期中の週2回(2時間程度))
*空き教室を利用、無料
・指導員による個別指導と自習
*指導員:教員志望の講師や大学生など
平成31年度末までの目標数
※学校支援地域本部を活用した学校数
現在【H26年度】
700中学校区
が学習支援を実施
(公立全中学校の7%)
H27年度
2, 000
中学校区
(20%)
H31年度
5, 000
中学校区
(50%)
学校数の増加と
内容の充実
※学校支援地域本部:地域人材の参画により、学校の教育活動(授業、部活動等)を支援する取組(H25 公立中学校 約2,700校(全体の28%)で実施、補助率1/3)

29

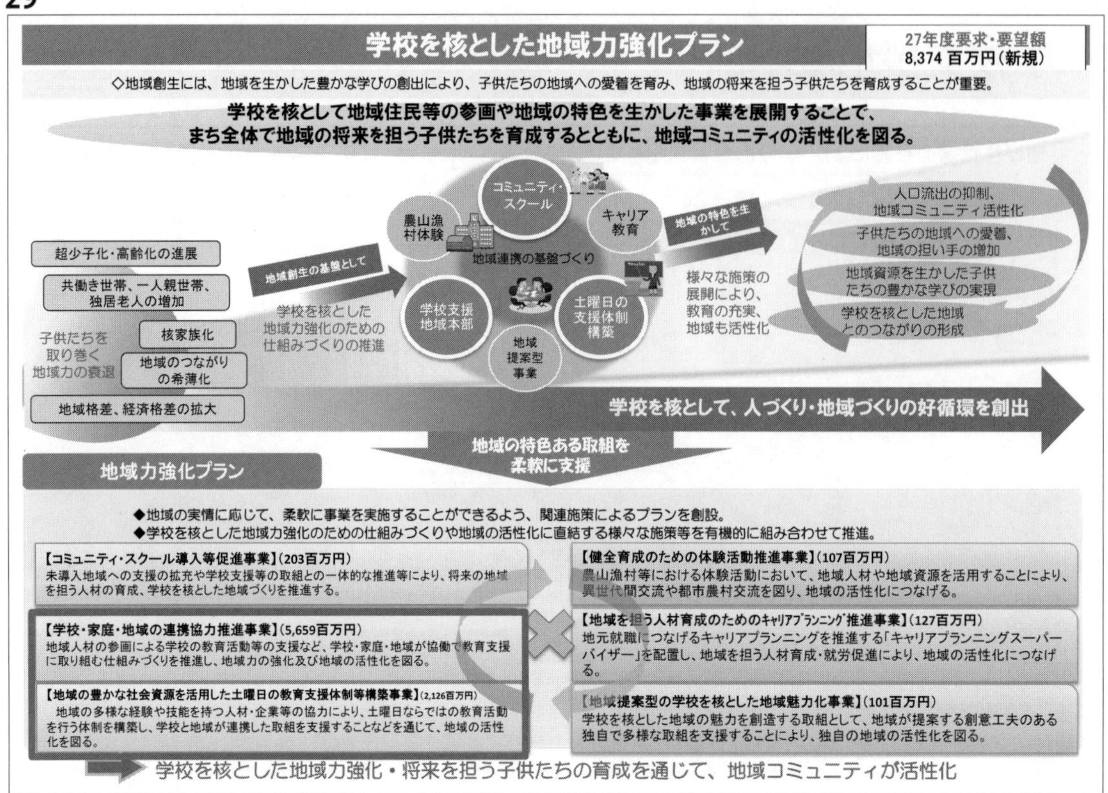

学校を核とした地域力強化プラン
27年度要求・要望額
8,374 百万円（新規）
◇地域創生には、地域を生かした豊かな学びの創出により、子供たちの地域への愛着を育み、地域の将来を担う子供たちを育成することが重要。
学校を核として地域住民等の参画や地域の特色を生かした事業を展開することで、
まち全体で地域の将来を担う子供たちを育成するとともに、地域コミュニティの活性化を図る。
超少子化・高齢化の進展
共働き世帯、一人親世帯、独居老人の増加
子供たちを取り巻く地域力の衰退
核家族化
地域のつながりの希薄化
地域格差、経済格差の拡大
地域創生の基盤として
学校を核とした地域力強化のための仕組みづくりの推進
コミュニティ・スクール
キャリア教育
農山漁村体験
地域連携の基盤づくり
学校支援地域本部
土曜日の支援体制構築
地域提案型事業
地域の特色を生かして
様々な施策の展開により、教育の充実、地域も活性化
人口流出の抑制、地域コミュニティ活性化
子供たちの地域への愛着、地域の担い手の増加
地域資源を生かした子供たちの豊かな学びの実現
学校を核とした地域とのつながりの形成
学校を核として、人づくり・地域づくりの好循環を創出
地域の特色ある取組を柔軟に支援
地域力強化プラン
◆地域の実情に応じて、柔軟に事業を実施することができるよう、関連施策によるプランを創設。
◆学校を核とした地域力強化のための仕組みづくりや地域の活性化に直結する様々な施策等を有機的に組み合わせて推進。
【コミュニティ・スクール導入等促進事業】（203百万円）
未導入地域への支援の拡充や学校支援等の取組との一体的な推進等により、将来の地域を担う人材の育成、学校を核とした地域づくりを推進する。
【学校・家庭・地域の連携協力推進事業】（5,659百万円）
地域人材の参画による学校の教育活動等の支援など、学校・家庭・地域が協働で教育支援に取り組む仕組みづくりを推進し、地域力の強化及び地域の活性化を図る。
【地域の豊かな社会資源を活用した土曜日の教育支援体制等構築事業】（2,126百万円）
地域の多様な経験や技能を持つ人材・企業等の協力により、土曜日ならではの教育活動を行う体制を構築し、学校と地域が連携した取組を支援することなどを通じて、地域の活性化を図る。
【健全育成のための体験活動推進事業】（107百万円）
農山漁村等における体験活動において、地域人材や地域資源を活用することにより、異世代間交流や都市農村交流を図り、地域の活性化につなげる。
【地域を担う人材育成のためのｷｬﾘｱﾌﾟﾗﾝﾆﾝｸﾞ推進事業】（127百万円）
地元就職につなげるキャリアプランニングを推進する「キャリアプランニングスーパーバイザー」を配置し、地域を担う人材育成・就労促進により、地域の活性化につなげる。
【地域提案型の学校を核とした地域魅力化事業】（101百万円）
学校を核とした地域の魅力を創造する取組として、地域が提案する創意工夫のある独自で多様な取組を支援することにより、独自の地域の活性化を図る。
学校を核とした地域力強化・将来を担う子供たちの育成を通じて、地域コミュニティが活性化

30

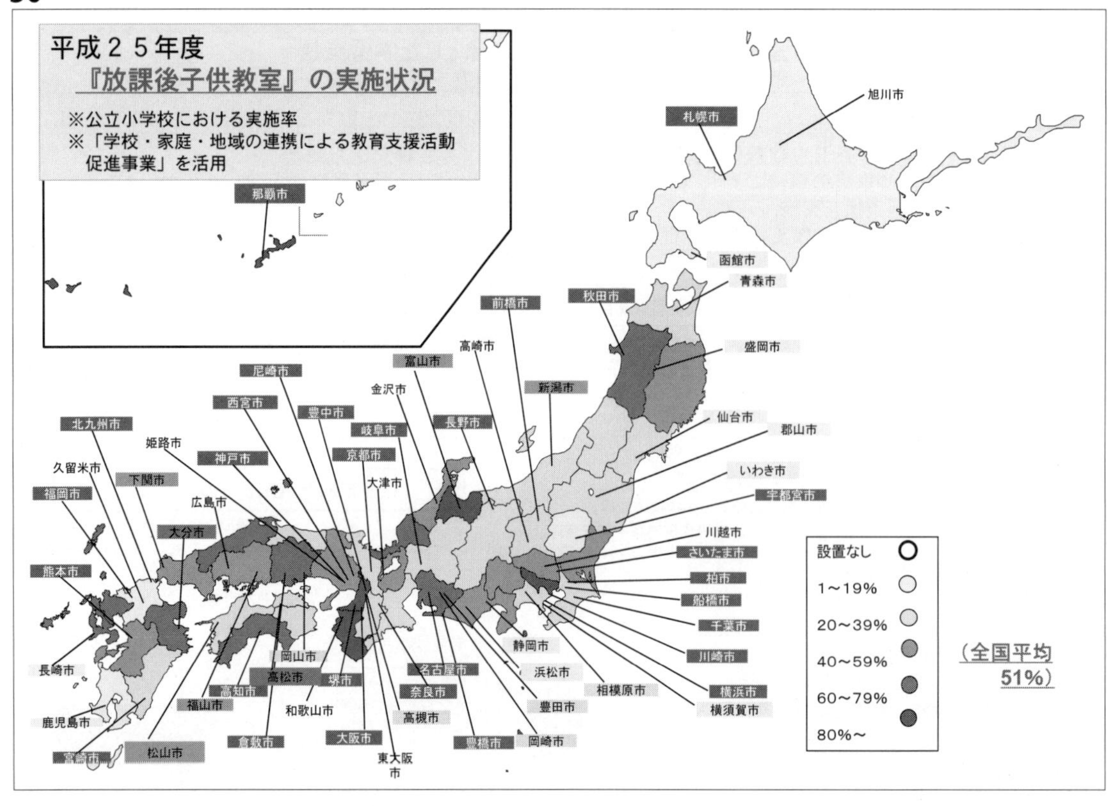

平成２５年度
『放課後子供教室』の実施状況
※公立小学校における実施率
※「学校・家庭・地域の連携による教育支援活動促進事業」を活用
那覇市
旭川市
札幌市
函館市
青森市
秋田市
前橋市
盛岡市
高崎市
富山市
新潟市
尼崎市
金沢市
西宮市
豊中市
仙台市
郡山市
北九州市
長野市
岐阜市
姫路市
京都市
神戸市
いわき市
久留米市
大津市
下関市
宇都宮市
福岡市
広島市
大分市
川越市
さいたま市
熊本市
柏市
船橋市
千葉市
岡山市
静岡市
川崎市
長崎市
高松市
堺市
名古屋市
浜松市
高知市
相模原市
福山市
和歌山市
奈良市
横浜市
豊田市
横須賀市
鹿児島市
高槻市
倉敷市
大阪市
豊橋市
岡崎市
宮崎市
松山市
東大阪市
設置なし
1～19%
20～39%
40～59%
60～79%
80%～
（全国平均 51%）

31

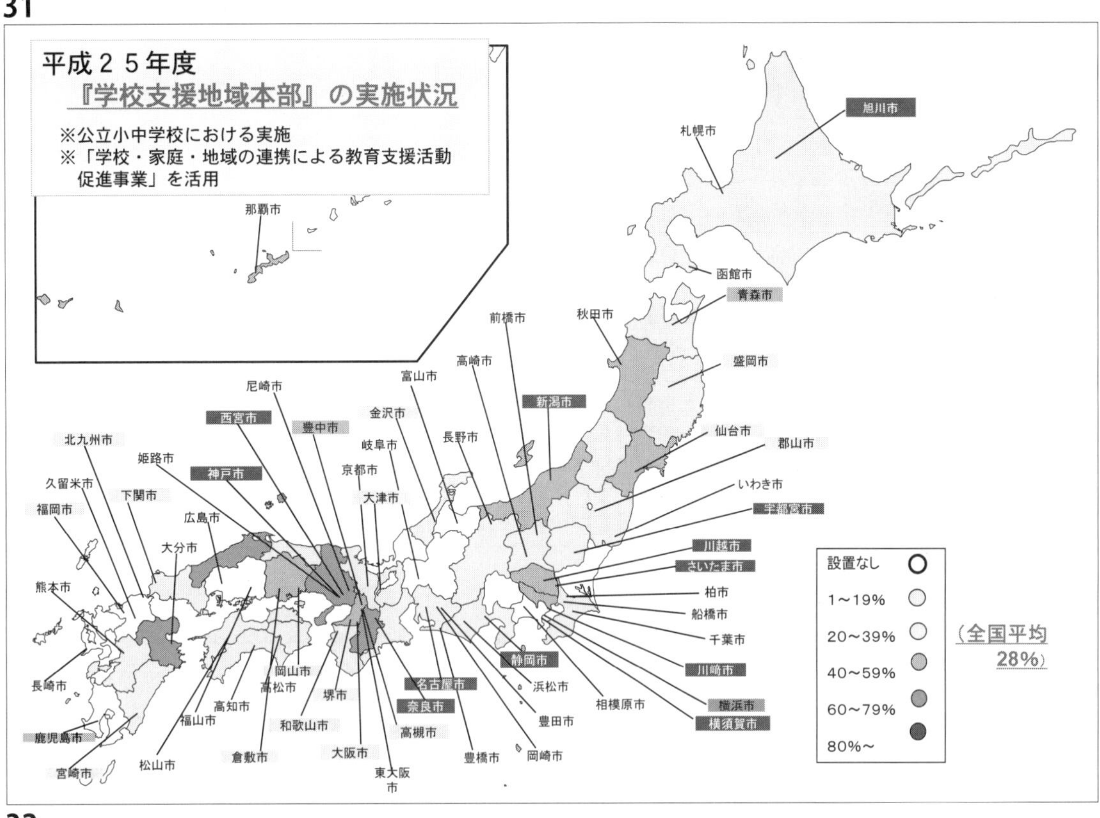

32

http://manabi-mirai.mext.go.jp

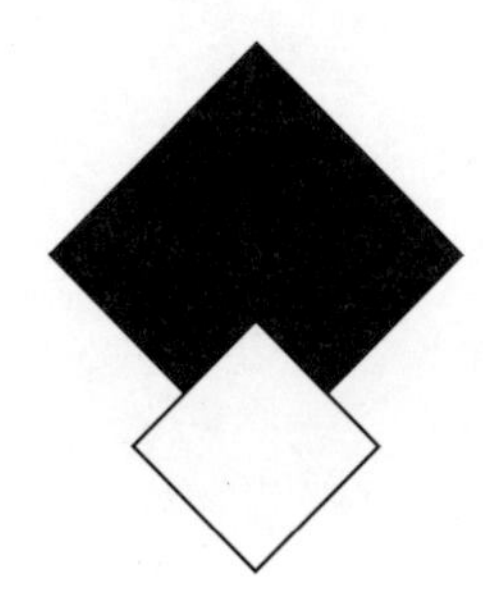

資料３
社会教育実践研究センター調査研究報告書の概要
1．地域におけるNPO活動やボランティア活動等の実態に関する調査研究

平成23年度「地域におけるNPO活動やボランティア活動等の実態に関する調査研究報告書」の概要

1　調査研究の背景・ねらい

・特定非営利活動促進法（ＮＰＯ法）施行以来、40,000を超えるＮＰＯが設立され、多様な活動を行っています。
・中央教育審議会第２期教育振興基本計画部会では、「東日本大震災においても、ＮＰＯ、企業、さらには個々人などによる様々なボランティア活動等が行われるなど、多様な主体による自発的な社会形成の動きが活性化しており、日本人には世界から評価される『絆（きずな）』がある」と指摘しており、被災地をはじめとした各地域におけるＮＰＯ活動やボランティア活動への期待が一層高まっています。
・これらを受けて、地域におけるＮＰＯ活動やボランティア活動等の普及促進に資するために、東日本大震災後の復興に関わるＮＰＯやボランティア団体等における特色ある活動の聞き取り調査を行い、その結果を取りまとめました。

2　調査研究の概要

被災地の復興に関わる取組拠点を被災地に置いた活動と被災地の外から支援した活動に分類し、分類ごとに特色ある事例を抽出し、聞き取り調査を実施しました。
<分類ごとの聞き取り調査先>

分類		N0	聞き取り調査先
被災地における活動	社会教育機関等の取組	1	3.11絵本プロジェクトいわて（岩手県盛岡市中央公民館）
		2	ヤングボランティアSEED（岩手県久慈市立中央公民館）
		3	3がつ11にちをわすれないためにセンター（宮城県せんだいメディアテーク）
		4	女川町教育委員会生涯学習課（女川向学館ほか）
	ＮＰＯ等の取組	5	いわてGINGA-NETプロジェクト（岩手県立大学学生ボランティアセンター）
		6	ＮＰＯ法人遠野まごころネット
		7	ＮＰＯ法人宮城歴史資料保全ネットワーク
		8	プロジェクトFUKUSHIMA!実行委員会
被災地外からの活動	多様な支援の取組	9	福島の子どもを守ろうプログラム実行委員会（通称：ふくしまキッズ実行委員会）
		10	なにわホネホネ団（大阪市立自然史博物館）
		11	ＮＰＯ法人こどもとむしの会（兵庫県佐用町昆虫館）
		12	社団法人全日本郷土芸能協会
		13	公益社団法人セカンドハンド

3　聞き取り調査の結果（５事例を紹介）

３．１１絵本プロジェクトいわて

公民館が中心となってＮＰＯ，ボランティア団体等と連携しながら被災地の子どもたちに絵本を届ける取組

・児童図書編集者の呼びかけに応じ、全国から盛岡市中央公民館に送られてきた約２３万冊の絵本をボランティアが整理・分類・保管し、公民館職員が被災地のニーズを聞きながら、ＮＰＯ等と連携して必要な絵本を配本・絵本を積んだ「えほんカー」で被災地を訪問、子どもたち自身が欲しい本を選択できる仕組みづくりを構築。

<ボランティアによる仕分け作業>

<「えほんカー」で絵本を選ぶ子どもたち>

ＮＰＯ法人宮城歴史資料保全ネットワーク

地域の文化財を救出・保護・保存し、市民の共有財産にする取組

・宮城県沖地震をきっかけにＮＰＯ法人が市町村教育委員会や郷土史家、博物館等と地域の文化財に関する情報を共有化し、地域に点在している未指定の文化財を把握し、映像データとして記録・保存活動を行うとともに、学生等ボランティアも参加して東日本大震災により被災した古文書等の文化財のクリーニング作業を行い、その画像データも記録・保存している。

<襖に貼られていた古文書>

<被災した古文書等の洗浄・修復作業>

公益社団法人セカンドハンド

被災者の自立支援と被災地の経済復興を目指した取組

・ＮＰＯや企業等と連携して、被災地にいち早く緊急物資を発送し続け、更に被災者の自立支援に向け当事者が瓦礫（がれき）撤去等のプロジェクトに労働参加する取組（キャッシュ・フォー・ワーク）をＮＧＯ 等との連携により実施。

<持ち込まれた救援物資>

<被災地へ届けられた救援物資>

福島の子どもを守ろうプログラム実行委員会（通称：ふくしまキッズ実行委員会）

被災地の子供たちに豊かな体験活動を提供するとともに、子供たちの体験活動を通して地域を元気にする取組

福島県、北海道、神奈川県のＮＰＯ法人等でつくる実行委員会によって、福島県から一時避難している子供たちを対象に、北海道の七飯町等で１～５週間の宿泊型体験プログラムを提供。

＜森を歩く活動＞

＜受け入れの地域との交流＞

女川町教育委員会生涯学習課（ＮＰＯカタリバと協働する「女川向学館」等）

避難所や仮設住宅等における学びを通したコミュニティづくりを支援する取組

市街地のほとんどを被災した女川町では、教育長の「教育が止まっては町の復興はおぼつかない」との言葉の下に、地域住民やＮＰＯ等と連携した様々な子供たちへの活動支援を展開。

＜震災後の女川町役場＞

＜寄贈書籍でオープンした女川ちゃっこい絵本館＞

4　調査研究の結果概要

- 被災地のニーズと支援側とを調整するコーディネート機能を果たす現場経験を有する中間支援組織（行政またはＮＰＯ）が重要な役割を担っており、中間支援組織が存在する地域では円滑な支援活動が実施されている。
- 企業やＮＰＯ等が地域で活動を行う際、地域とのつながりや信頼関係を構築するために、行政のコーディネート機能への期待が大きい。
- 社会教育が果たした役割は、思いのある団体や個人に働きかけ、点在する機能を「つなぐ」ことにある。

■報告書については、社会教育実践研究センターのホームページに全文を掲載しています。
http://www.nier.go.jp/jissen/index.htm

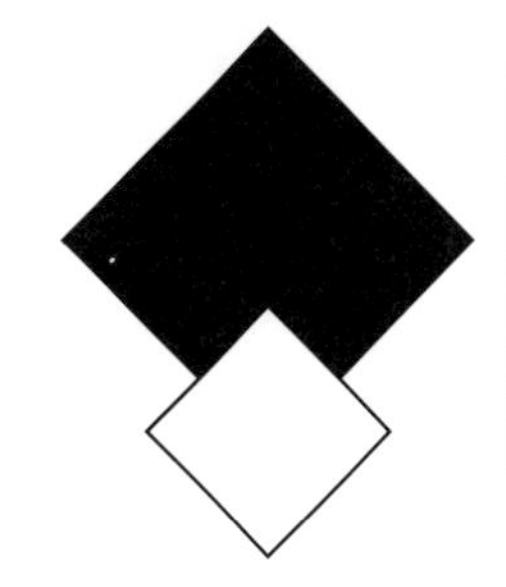

2. 企業とボランティア活動に関する調査研究

平成24年度「企業とボランティア活動に関する調査研究報告書」の概要

1 調査のねらい

「ボランティア元年」と言われた平成７年の阪神・淡路大震災以降、地域におけるボランティア活動は活発となり、このたびの東日本大震災では、企業の支援活動もクローズアップされた。一方で、地域に根ざし地道に社会貢献活動を行ってきた企業も多く存在していることは余り知られていない現状がある。

平成25年１月の「第６期中央教育審議会生涯学習分科会における議論の整理」において、「企業は、社会的責任の観点から、自社の学習資源を活用しながら地域社会の一員として、地域経済の活性化など地域の課題解決を担っていく役割も期待される」と述べられており、今後の社会教育行政において、企業等の産業界との連携・協働は大変重要なことである。

本調査研究は、企業におけるボランティア活動、特に、地域コミュニティの課題解決のために企業がどのように参加し、貢献しているかという観点で事例を収集・整理分析し、各地域において企業と行政の連携が円滑に進む仕組みづくりに役立つ調査を行い、その結果を取りまとめたものである。

2 調査研究の概要

（1）聞き取り調査の概要

社会教育と企業市民活動とのパートナーシップの在り方を探ることを目的に、事例を①企業によるコミュニティへの参画、②企業間ネットワークによるコミュニティへの参画、③社員によるコミュニティへの参画への支援、④企業と社会教育行政との協働の四つの視点に分類し、聞き取り調査を行った。

聞き取り調査期間は、平成24年10月から平成25年２月まで。

No.	所在地	団体等の名称	視点			
			①	②	③	④
1	東京都	日本マイクロソフト株式会社	○		○	
2	島根県	企業ボランティア松江ネットワーク会議	○	○		
3	熊本県	熊本いいくに会		○	○	
4	東京都	ゴールドマン・サックス証券株式会社	○		○	
5	東京都	富士ゼロックス株式会社	○		○	
6	北海道	北海道家庭教育サポート企業等制度	○		○	○
7	東京都	特定非営利活動法人　国際社会貢献センター	○	○	○	
8	東京都	放課後ＮＰＯアフタースクール		○	○	○
9	埼玉県	社団法人熊谷青年会議所		○		
10	鳥取県	社団法人鳥取青年会議所		○		
11	神奈川県	公益社団法人相模原・町田大学地域コンソーシアム		○		○

資料編

3　聞き取り調査結果の概要（4事例を紹介）

日本マイクロソフト株式会社

学生の職場見学の際の講師ボランティアや被災地支援イベントへの参加など社員に社会参画の機会を提供し、IT を活用したNPO の業務フローの改善に社員ボランティアがチームで取り組むなど、社員の専門スキルを活かしたボランティア活動（プロボノ）に力を入れている。

富士ゼロックス株式会社

我が国初の「ボランティア休暇制度」をもち、「拡大教科書制作支援」「古文書復元活動」など本業を生かした地域貢献活動、震災の復興支援活動など幅広い活動を実施している。活動を通して参加した社員にとって、視野を広く持ったり、地域住民としての当事者意識を持ったりすることができた。

北海道家庭教育サポート企業等制度

家庭教育を支援するための職場環境づくりに取り組む企業等と北海道教育委員会が協定を結び、1,000 社を超える企業が「職場での子育てについての研修の実施」「職場見学・体験の実施」「地域行事への協力・支援」「学校行事への参加促進」などを実施している。企業との連携・協働を通して、行政にとっては企業が地域課題を相談できるよきパートナーであり、施策の推進者でもあることが認識できた。

放課後ＮＰＯアフタースクール

ボランティアが放課後の子供たちの活動を支援するアメリカのアフタースクールをモデルとして、子供たちの放課後の活動を支援するため、多彩なスキルをもつボランティアを「市民先生」として募り、NPO、行政、企業とパートナーシップを組んで放課後の活動プログラムを提供している。

4　調査研究の結果概要

・企業のボランティア活動は、地域の活性化とともに社員教育にも役立っている。また、社員が生きがいを持ち、企業のモチベーションが高まることにもつながっている。
・企業との連携・協働を通して、行政にとっては企業が地域課題を相談できるよきパートナーであり、施策の推進者でもあることが認識できた。
・企業は、地域なくしては成り立たず、社会教育行政は地域の活性化を目指しており、両者の目的は一致している。しかし、営利企業との直接的な連携には制約が多い社会教育行政にとって、地域の地縁組織や多様な非営利組織とパートナーシップを結ぶためのコーディネーター的な役割を担う存在が必要であることが見えた。

■報告書については、社会教育実践研究センターのホームページに全文を掲載しています。
http://www.nier.go.jp/jissen/index.htm

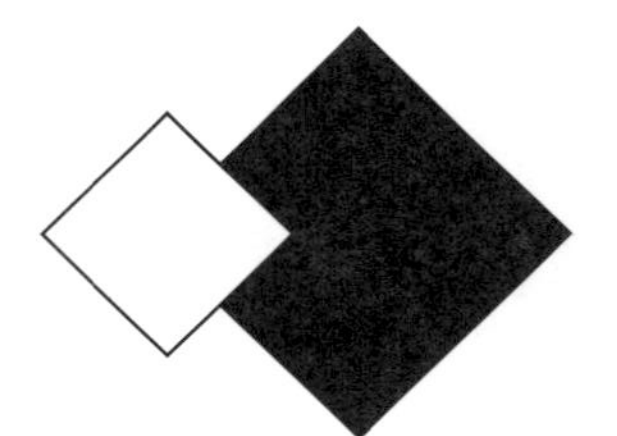

資料４

中央教育審議会生涯学習分科会

「今後の放課後等の教育支援の在り方に関するワーキンググループ」（平成 26 年 6 月）取りまとめ

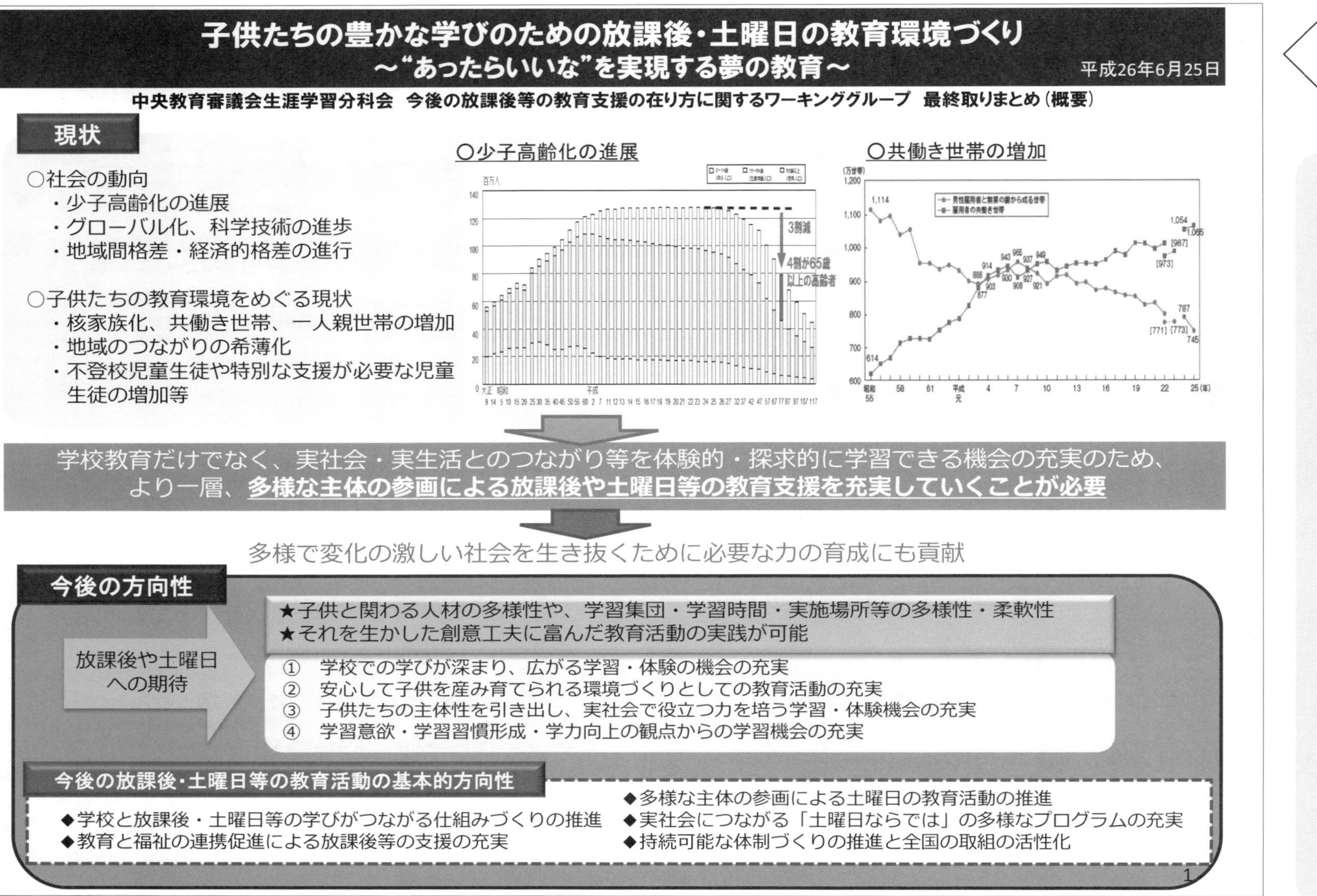

基本的方向性を実現する具体的方策①

平成26年6月25日

～全ての子供たちのための放課後等の教育の充実に向けた新たな方策～

1. 学校と放課後や土曜日等の学びがつながる仕組みづくり

○学校と放課後等の学びがつながる“横の連携”の仕組みづくり
- 学校支援地域本部と放課後子供教室、学校運営協議会等の仕組みの連携や一体的運用の促進

○就学前と小学校、小中など“縦の連携”が生まれる仕組みづくり
- 学校間連携を踏まえた、中学校区を中心とした仕組みづくり

2. 学校や子供たちを核とした地域づくり

○多様な関係者がつながる学校施設の複合化・共用化
- 学校施設内へのコミュニティスペースの併設

○子供に関わる大人の学びのコミュニティ化と地域の活性化
- 大人も学び、つながっていくためのコミュニティの創造

3. 教育と福祉の連携促進による放課後等の支援の充実

○女性の活躍促進に向けた放課後等の支援の充実
- いわゆる「小一の壁」打破に向け、新たに約30万人分の放課後児童クラブの受皿拡大への協力、全ての子供たちの学習・体験機会の充実

○学校や放課後子供教室と放課後児童クラブの連携強化　～新たな放課後対策「放課後子ども総合プラン」具体化に向けた方策～

◆一体型を中心とする放課後対策の推進
- 原則として全ての小学校区での放課後児童クラブと放課後子供教室の一体的実施又は連携実施に向けた計画的整備
- 放課後子供教室の充実・全小学校区への整備（毎日開催型、定期開催型など地域ニーズに応じた整備）
- 定期的・日常的に学校の教職員や家庭と情報共有を図る仕組みの構築

◆学校施設の活用促進
- 余裕教室の徹底活用等による放課後児童クラブの小学校内での実施率の大幅向上
- 教育委員会と福祉部局が連携し、当事者として責任を持つ仕組みづくり
- 「総合教育会議」の活用による、首長と教育委員会の十分な協議
  ※新たな教育委員会制度において設置予定

◆全ての子供たちを対象とした多様な学習・体験プログラムの充実
- 地域住民や大学生、企業ＯＢ、地域の高齢者、ＮＰＯ、民間教育事業者、文化・芸術団体等の積極的な参画促進

○中高生を対象とした放課後等の支援の充実
- 学習支援の充実や、ボランティア活動等を通じて、中高生が主体的に考え、行動し、地域課題等に大人と協働して取り組む機会等の充実

○特別なニーズのある子供たちへの放課後等の支援の充実
- 特別な支援を必要とする子供、外国人の子供、児童養護施設等で暮らす子供たち等が放課後等の活動へ参加しやすい工夫や支援の充実

4. 持続可能な仕組みとするためのコーディネーター育成・機能強化

○コーディネーターの効果的な配置・位置付け
- コーディネーターの複数配置や連絡会設置、学校運営協議会等への参加
- コーディネート等を担うＮＰＯ等の参画等

○地域連携担当教員等の位置付けの明確化

○コーディネーターの育成・機能強化に向けた研修の充実
- 対象ごとや経験に応じた体系的な研修の充実
- 多様な関係者のネットワークの構築のための研修の充実

5. 全国の取組の活性化のための中間支援機能の強化

○スーパーバイザー等の配置による助言体制の構築
- スーパーバイザー、アドバイザーの配置や社会教育主事の活躍等によるコーディネーターへの助言体制の構築

○中間支援組織の創設の検討等
- 関係者のネットワーク形成や、人材・財源も含めた持続可能な体制整備のための、中間支援組織の創設等の検討

2

基本的方向性を実現する具体的方策②

平成26年6月25日

～土曜日の豊かな教育環境の実現に向けた新たな方策～

◆地域の多様な人材等の参画による土曜日の豊かな教育環境（土曜学習）の実現に向けた新たな方策

1. 多様な主体が土曜日の教育活動に参画する仕組みづくり

◆土曜日は、日頃参加が難しい現役の社会人も含め、地域人材や保護者、企業、NPO、民間教育事業者、大学生等の多様な人材の参画が可能
◆実社会の経験も踏まえたプログラムの展開に向け、多様な人材が教育活動に参画する仕組みづくりを推進

①地域人材の参画促進
○豊かな社会経験や指導力を持つ多様な人材の参画促進

②保護者の参画促進
○働く保護者の参画しやすい仕組みの構築
○ＰＴＡ、おやじの会等の活用

③企業・団体等との連携協力促進
○学校の要望と企業の取組のマッチング
○ＷＬＢの推進
○企業内ボランティア登録制度やＣＳＲ・プロボノとして関わる仕組みの構築
○企業人材に対する研修の充実
○企業の退職者組織等との連携

④ＮＰＯ・民間教育事業者との連携協力の促進
○ＮＰＯのノウハウ（人材や資金のコーディネート能力）の活用
○学習塾、お稽古ごと、スポーツ、音楽、語学教室等の指導者の活用

⑤大学等の連携協力の推進
○研究者やポストドクター等の専門人材の活用
○教育・福祉、スポーツ等の専攻の学生の積極的な参画促進
○身近なロールモデルとして学生が持続的に参画できる仕組みづくり

2. 学校と地域・企業・大学等をつなぐコーディネート機能の充実

◆学校と地域をつなぐコーディネーターだけでなく、企業や大学等の多様な主体をつなぐコーディネーターの必要性
◆コーディネーターの研修の機会やネットワーク組織等の充実

○例えば、地域連携を担当する教員の配置や、「地域コーディネーター」、「企業コーディネーター」等をそれぞれ配置し、互いに連携し合う仕組みの構築。
○学校や地域の関係者、企業、企業の退職者組織、ＮＰＯ等多様な関係者が学び合う研修の機会の充実　等

3. 「土曜日ならでは」の多様なプログラムづくり

◆地域や企業等の協力を得て、「土曜日ならでは」の生きた学習プログラムの展開
◆子供たちの主体性を重視しつつ、学校の教育活動との連動した体系的・継続的なプログラムづくり

①実社会につながるプログラム	②企業のリソースを生かしたプログラム	③学習意欲・習慣形成につながるプログラム	④「地域ならでは」のプログラム
○社会で役立つ経験をするプログラム ○多様なロールモデルや「本物」に触れるプログラムの充実	○学校教育だけでは教えることが難しい実社会の経験を踏まえたプログラム ○環境教育、キャリア教育、国際理解等の企業の特性を生かしたプログラム	○就学前の子供たちが学ぶ楽しさに出会うプログラム ○振り返り学習や発展的な学習の充実	○地域の目標を踏まえ「ふるさと教育」や「学力向上」などの地域の特性や課題に応じたプログラム ○多様性を重視したプログラム等

◆今後の土曜日の教育活動の持続可能な体制づくりに当たって

○全国の好事例の蓄積・発信等を通じて、官民連携による普及啓発の推進
○行政内部における首長部局と教育委員会が一層の連携を図り、効率的・効果的な総合的な支援策を講じていくことが必要

◎おわりに　～皆の“あったらいいな”を実現する夢の教育～

○社会総掛かりでの教育の実現に向けた新たな試みについて、皆で話し合い、考える仕組みづくり、放課後や土曜日の教育活動での実践

＜例＞　“子供たちが学びたいこと”を募集し、大人と共に実現！
“我がまちの教育”について皆で考えるミニ集会の開催！　等

⇒　**放課後や土曜日における新たな試みの中から、改めて必要な学習や体制等が検討され、将来的に学校教育にも生かされていく好循環を**

3

子供たちの豊かな学びのための放課後・土曜日の教育環境づくり
～“あったらいいな”を実現する夢の教育～

平成26年6月25日

中央教育審議会生涯学習分科会
今後の放課後等の教育支援の在り方に関するワーキンググループ

目次

Ⅰ．社会の動向と子供の教育環境をめぐる現状

１．社会の動向

○　我が国は、現在、急激な少子化・高齢化のまっただ中にあり、2060年には、人口は、平成22年(2010年）比約３割減の9,000万人に、うち４割が65歳以上の高齢者となることが予想されており、我が国の労働力人口は平成10年（1998年）をピークに減少し続け、2060年には約５割となることが予想されている。

○　また、同時に、今日の世界においては、社会、経済、文化のグローバル化が急速に進展し、国際的な流動性が高まるとともに、新興国の台頭による国際競争の激化、生産拠点の海外移転等、我が国を取り巻く経済環境は厳しさを増し、国際競争力の低下、国際的な存在感の低下が懸念される。

○　さらに、科学技術の爆発的な進歩と社会の高度化、複雑化や急速な変化に伴い、過去に蓄積された知識や技術のみでは対処できない新たな諸課題が生じており、これに対応していくため、新たな知識や専門的能力を持った人材が求められている。

○　その一方で、かつてのような終身雇用、年功序列といった安定的な雇用環境は一変し、非正規雇用の割合は、昭和60年(1985年）には16％（655万人）だったものが、平成25年（2013年）には37％（1,906万人）にのぼるなど、雇用情勢も厳しさを増している。

○　あわせて、都市化、過疎化の進行、地域間格差、経済的格差の拡大が指摘されており、格差の再生産・固定化が進み、社会の不安定化、地域の活力の低下につながることが懸念される。

２．子供たちの教育環境をめぐる現状

○　都市化、過疎化の進行、家族形態の変容等により、子供たちの教育環境には、近年大きな変化が生じている。

○　家庭をめぐる状況としては、世帯の構成別にみると、昭和61年（1986年）から平成24年（2012年）にかけて、三世代世帯が15％から8％に減少し、夫婦と未婚の子のみの世帯も41％から31％に減少する一方、一人親と未婚の子のみの世帯は5％から7％に増加するなど、家族の小規模化が進んでいる。

○　また、全世帯に占める子供のいる世帯は、昭和50年（1975年）の53％から平成24年（2012年）には25％に減少するとともに、15歳未満人口は今後においても減り続けることが予測され、平成24年（2012年）に約1,650万人であるものが、2060年には、約8

- 1 -

00万人に減少するなど、少子化の影響は子供の教育環境にも大きな影響を与えると考えられる。

○　加えて、共働き世帯は、昭和55年（1980年）には、いわゆる専業主婦世帯（男性雇用者と無業の妻から成る世帯）の半数であったのに対し、平成9年（1997年）付近より逆転し、平成25年（2013年）では1.4倍となっており、一層の女性の活躍促進のためには、こうした変化に対応し、子供たちの教育を支える仕組みづくりが急務となっている。

○　学校の状況としては、1学校あたりの学級数が、小学校で12学級以下（1学年2学級以下）の学校が全体の51%（平均で1学校7学級）、中学校で9学級以下（1学年3学級以下）の学校が全体の41%（平均で1学校3学級）となっている。

○　さらに、不登校児童生徒数や特別支援学級・特別支援学校に在籍する児童生徒数、要保護・準要保護児童生徒数、日本語指導が必要な外国人児童生徒数が増加するなど、より多様な児童生徒の状況に配慮した指導が必要な状況に置かれている。

○　地域の状況としても、こうした少子高齢化や都市化・過疎化の進行、家族形態の変容、ライフスタイルの多様化を背景として、地域のつながりの希薄化や孤立化が懸念され、親子や教員と子供といった縦の関係、子供同士の横の関係だけでなく、親や教員以外の大人と子供が触れあう「斜めの関係」がますます必要になってきている。

3．学校週５日制の経緯とその後の成果と課題

○　学校週５日制は、学校、家庭、地域が連携して、土曜日や日曜日を活用して、子供たちに、家庭や地域で生活体験、社会体験や自然体験など様々な活動を経験させ、自ら学び自ら考える力や豊かな人間性などの「生きる力」を育むことをねらいとして、平成4年9月からの段階的実施を経て、平成14年度から完全実施された。

○　それに伴い、学校教育においては、学校週５日制の完全実施に合わせて行われた学習指導要領の改訂において、新たに設けられた「総合的な学習の時間」などを活用し、各教科等の学習で得た知識を様々な体験活動等の中で実感をもって理解することや、学び方やものの考え方を身に付けさせるなど、生涯学習の基礎となる「生きる力」を育てていくこととされた。

○　また、家庭や地域では、豊富な生活体験、社会奉仕体験、自然体験などを経験させ、子供たちに豊かな心やたくましさなどの「生きる力」を育むため、地域で子供を育てる環境を整備することとし、平成11年度から13年度まで「全国子どもプラン」、平成14年から「新子どもプラン」を実施し、関係省庁の協力を得つつ、子供たちの体験活動の充実に資する各種施策が推進されてきた。

○　さらに、平成19年度からは、文部科学省と厚生労働省との連携により、「放課後子どもプラン」が推進され、放課後児童クラブと連携しつつ、放課後や週末等の子供たちの安心・安全な居場所を設け、全ての子供たちに学習や体験・交流活動等の機会を提供する「放課後子供教室」の取組を推進している。

- 2 -

○　これらを通じて、地域の高齢者や子育て経験者をはじめとする多様な人材の参画を得て、子供たちに様々な学習や体験活動を行う取組が全国各地で推進され、地域全体で子供たちを育む体制づくりが着実に進んできたところである。

○　しかしながら、土曜日に様々な経験を積み、自らを高めている子供たちが存在する一方で、必ずしも有意義に過ごせていない子供たちも少なからず存在するとの指摘等があることを踏まえ、平成25年3月に文部科学省に「土曜授業に関する検討チーム」が設置され、同年9月に取りまとめが行われた。

○　その中で、「土曜日において、子供たちに、学校における授業や地域における多様な学習や体験活動の機会などこれまで以上に豊かな教育環境を提供し、その成長を支えることができるよう、学校、家庭、地域の全ての大人が連携し、役割分担しながら、取組を充実する必要があること」が提言されている。

○　今後の放課後や土曜日の教育活動の在り方の検討に当たっては、こうした経緯やこれまでの取組の成果を踏まえつつ、これからの子供たちが直面する、多様で変化の激しい社会を生き抜いていくための力を身につけていくため、新たな方策を検討していく必要がある。

II．社会を生き抜くために必要な力と放課後・土曜日等の教育への期待

1．社会を生き抜くために必要な力

（1）「生きる力」を育む新しい学習指導要領の基本的な考え方

○　学校・家庭・地域が連携協力して、子供たちの教育に取り組んでいくためには、各学校の教育課程を編成する際の基準を定める「学習指導要領」の考え方を踏まえることが重要である。

○　平成20年度の学習指導要領の改訂では、生きる力を育む基本理念は、知識基盤社会の時代においてますます重要となっていることから、これを継承し、生きる力を支える確かな学力、豊かな心、健やかな身体の調和のとれた育成を重視している。

※「生きる力」（平成8年中央教育審議会答申「21世紀を展望した我が国の教育の在り方について」）

・基礎・基本を確実に身に付け、いかに社会が変化しようと、自ら課題を見つけ、自ら学び、自ら考え、主体的に判断し、行動し、よりよく問題を解決する資質や能力

・自らを律しつつ、他人とともに協調し、他人を思いやる心や感動する心などの豊かな人間性

・たくましく生きるための健康や体力

○　特に、確かな学力を育成するためには、基礎的・基本的な知識・技能を確実に習得させること、これらを活用して課題を解決するために必要な思考力、判断力、表現力等の能力を育むことの双方が重要であり、これらのバランスを重視する必要がある。

○　このため、各教科において基礎的・基本的な知識・技能の習得を重視するとともに、観察・実験やレポートの作成、論述など知識・技能の活用を図る学習活動を充実する

こととしている。また、これらの学習を通じて、その基礎となるのは言語に関する能力であり、国語科のみならず、各教科等においてその育成を重視している。さらに、学習意欲を向上させ、主体的に学習に取り組む態度を養うとともに、家庭との連携を図りながら、学習習慣を確立することを重視している。

（2）第2期教育振興基本計画における基本的方向性

○　教育振興基本計画は、教育基本法に示された理念の実現と、我が国の教育振興に関する施策の総合的・計画的な推進を図るため、政府として策定するものであり、平成25年6月に第2期の教育振興基本計画が閣議決定されている。

○　その策定に当たっては、「変化の激しい社会にあって、個人の自立と活力ある社会の形成を実現するためには、どのような資質・能力が必要か」との検討がなされ、同計画では、「自立・協働・創造に向けた一人一人の主体的な学び」が大きなテーマとして掲げられている。

○　また、教育行政の基本的な方向性について、「社会を生き抜く力の養成」、「未来の飛躍を実現する人材の養成」、「学びのセーフティネットの構築」、「きずなづくりと活力あるコミュニティの形成」の四つの方向性が打ち出されている。

※・「社会を生き抜く力の養成」
　社会が激しく変化する中で自立と協働を図るための能動的・主体的な力を誰もが身に付けられるようにする。
・「未来への飛躍を実現する人材の養成」
　変化や新たな価値を主導・創造しイノベーションを実現する人材，グローバル社会において各分野を牽引（けんいん）できるような人材を養成する。
・「学びのセーフティネットの構築」
　厳しい経済情勢において社会的格差等の問題が指摘される現在，上記２点を達成するための基礎的な条件として，安全・安心で充実した教育機会にアクセスできるようにする。
・「きずなづくりと活力あるコミュニティの形成」
　社会のつながりの希薄化などが指摘される中にあって，学校教育内外の多様な環境から学び，相互に支え合い，そして様々な課題の解決や新たな価値の創出を促すコミュニティの形成を図る。

（3）OECDにおける「キー・コンピテンシー」の考え方

○　国際的な動向としては、ＯＥＣＤで提言された「キー・コンピテンシー（主要能力）」という考え方があり、「コンピテンシー（能力）」とは、「単なる知識や技能だけでなく、技能や態度を含む様々な心理的・社会的なリソースを活用して、複雑な要求（課題）に対応することができる力」とされている。

○　そして、その中でも「キー・コンピテンシー」とは、グローバル化と近代化により、多様化し、相互につながった世界において、特に、人生の成功や正常に機能する社会のために必要な能力として定義され、具体的には、「言語や知識、技術を相互作用的に活用する能力」、「多様な集団による人間関係形成能力」、「自律的に行動する能力」、「これらの核となる『考える力』」の内容で構成されている。

（4）「社会人基礎力」の考え方

○　今後の多様で変化の激しい社会を生き抜いていくためには、子供たちが日頃の学校等における学習を更に自ら深めることや、実社会とのつながりを学ぶ機会を充実すること、実社会で役立つ力を育成していくことが重要である。

○　社会に求められる資質としては、例えば、平成19年に経済産業省が提唱したものとして、「社会人基礎力」があげられる。

○　「社会人基礎力」は、「職場や地域で多様な人々と仕事をしていくために必要な基礎力」であり、「基礎学力」や「専門知識」に加え、それをうまく活用していく力としての「社会人基礎力」を意識的に養成していくことが重要であるとされている。

○　その内容としては、①「前に踏み出す力」～一歩前に踏み出し、失敗しても粘り強く取り組む力～（主体性、働きかけ力、実行力）、②「考え抜く力」～疑問を持ち、考え抜く力～（課題発見力、計画力、創造力）、③「チームワーク力」～多様な人々とともに、目標に向けて協力する力～（発信力、傾聴力、柔軟性、状況把握力、規律性、ストレスコントロール力）とされ、それらは、人間性や基本的な生活習慣を土台としつつ、基礎学力や専門知識と相互に影響を及ぼしながら、能力の全体像を構成するとされている。

２．放課後・土曜日等の教育活動への期待

○　今後の放課後や土曜日等の教育の在り方を検討するに当たっては、社会の動向や教育環境を巡る現状等を踏まえつつ、子供たちが社会を生き抜くために必要な力を身に付けていけるよう、学校・家庭・地域が連携協力しながら、社会総掛かりで教育に取り組む仕組みづくりの一つと捉え、全体として子供たちの教育環境を豊かにし、「生きる力」を育むという視点が重要である。

○　そのため、放課後や土曜日は、学校教育との連動性を意識しつつも、学校教育だけでは実現しにくい、実生活・実社会とのつながりを体験的・探求的に学習できるよう、創意工夫に富んだ教育活動が行われることが期待される。

○　例えば、教員だけでなく、子供と関わる人材の多様性をはじめとして、異学年や異学校種も含めた学習集団のつくり方、学習時間の長さや実施場所など、様々な面で多様性・柔軟性等を生かした工夫が可能である。

○　こうした前提を踏まえつつ、今後の放課後や土曜日等の教育への期待としては、以下の観点が考えられる。

（１）学校での学びが深まり、広がる学習・体験の機会の充実

○　放課後や土曜日は、児童生徒の興味関心に応じて、学校における学びを更に深めることや、更に広がる機会となることが期待される。

○　また、学校における学習が、生活や社会とどのようにつながっているのかを体験的・探求的に学ぶことができる機会として、その後の学習活動の動機付けとなることも期待される。

（２）安心して子供を産み育てられる環境づくりとしての教育活動の充実

○　放課後や土曜日は、社会全体の要請や子供たちの多様なニーズに応えていく機会としても期待される。

○　例えば、保護者にとって、安心して子育てや仕事を両立できる環境づくりの観点から、子供たちが放課後や土曜日に、家庭だけでなく、地域の多様な大人と触れ合い、多様な学習ができるよう、学習やスポーツ・体験活動の機会やプログラムを充実していくことが期待される。

○　また、特別な支援を必要とする子供や、外国人の子供、児童養護施設に入所している子供など、様々な事情から特別なニーズのある子供たちへの学習機会を、これまで以上に教育と福祉の連携を深めつつ、充実していくことが期待される。

（３）子供たちの主体性を引き出し、実社会で役立つ力を培う学習・体験機会の充実

○　放課後や土曜日は、子供たちが与えられたプログラムをこなすだけではなく、子供たち自身の意欲や参画を重視し、主体性を引き出す機会とすることや、子供たち自ら

が企画・参画することにより、成功や失敗の経験などから、更に様々な学びにつながっていく機会となることが期待される。

○　また、実社会とのつながりを感じ、将来の目標をもって学ぶ機会となるよう、多様なロールモデルや「本物」に出会う機会を充実することが期待される。

（４）学習意欲・学習習慣形成・学力向上の観点からの学習機会の充実

○　放課後や土曜日は、子供たちが学ぶ楽しさや学ぶ意義を感じ、学習意欲の向上や学習習慣の形成につながる機会となることも期待される。

○　例えば、学校生活の入り口の時期の子供の学習習慣の形成や、学校での学習の理解が必ずしも十分でない子供たちが「学ぶ楽しさ」「分かる喜び」を感じ意欲を高める機会、学習が進んでいる子供たちが発展的な学習をする機会とするなど、補充的又は発展的な学習の機会として活用することも期待される。

Ⅲ．今後の放課後・土曜日等の教育活動の基本的方向性

こうした放課後や土曜日等の教育への期待等を踏まえ、子供たちが社会を生き抜く力を身に付けていくことができるよう、社会総掛かりでの教育の実現に向けて、現在各地域で実施している取組を生かしつつ、今後、更に充実していくべき放課後や土曜日等の教育活動の基本的な方向性について、以下の通り整理する。

１．学校と放課後・土曜日等の学びがつながる仕組みづくりの推進

○学校・家庭・地域の連携・協働による社会総掛かりでの教育の発展的展開
- ・放課後子供教室や学校支援地域本部、学校運営協議会等の連携強化や一体的実施の推進
- ・就学前から中学校までなどの学校間連携を意識した仕組みづくりの推進

○学校や子供たちを核とした地域づくりの推進
- ・多様な関係者がつながる学校施設の複合化・共用化
- ・子供に関わる大人の学びのコミュニティ化の推進と地域の活性化

２．教育と福祉の連携促進による放課後等の支援の充実

○女性の活躍促進に向けた放課後等の支援の充実
- ・男女が共に子育てや仕事を両立できる環境づくりの観点からの放課後対策の充実
- ・放課後児童クラブの受皿拡大への協力

○学校や放課後子供教室と放課後児童クラブの連携強化
- ・放課後子供教室と放課後児童クラブの一体的実施の推進
- ・学校施設の活用促進
- ・全ての子供たちを対象とした多様な学習・体験プログラムの充実

○中高生を対象とした放課後等の支援の充実
- ・学校支援地域本部等の仕組みを活用した放課後等の学習支援の充実
- ・ボランティア活動など、自ら主体的に考え、行動し、地域課題等に大人と協働して取り組む機会の充実

○特別なニーズのある子供たちへの支援の充実
- ・特別な支援を必要とする子供、外国人の子供、児童養護施設に入所している子供たちへの放課後等の支援の充実

３．多様な主体の参画による土曜日の教育活動の推進

○地域人材や保護者、企業・団体、NPO、民間教育事業者、大学等の多様な主体が教育活動に参画する仕組みづくりの推進
- ・地域人材や保護者が参画しやすい仕組みづくりの推進
- ・企業等の人材が教育活動に参画するための仕組みづくりの推進

- 8 -

・NPO、民間教育事業者、大学等との連携・協力の促進

○学校と地域・企業・大学等の多様な主体をつなぐコーディネート機能の充実

4．実社会につながる「土曜日ならでは」の多様なプログラムの充実

○子供たちの主体性を引き出し、実社会につながる学習機会・内容の充実
・地域や社会で役立つ経験・体験の機会の充実
・企業等との連携による実社会での経験を踏まえたプログラムの充実
・多様な大人・ロールモデルに出会う機会の充実

○学ぶ楽しさや学ぶ意義を感じ、学習意欲・習慣の形成につながる学習機会の充実
・学ぶ基礎を培う就学前の教育機会の充実
・習い事や学習塾等の民間教育事業者等との連携による補充・発展的な学習機会の充実

○「地域ならでは」のプログラムの充実と“全国どこでも学べる”体制づくり
・「地域ならでは」の特性を生かした教育機会の充実
・ICTの利活用による学習プログラムの充実

5．持続可能な体制づくりの推進と全国の取組の活性化

○持続可能な仕組みづくりのためのコーディネート機能の強化
・コーディネーターの配置の充実や研修の体系化・充実

○コーディネーター等の活動を支えるサポートシステムの充実
・スーパーバイザーの配置や社会教育主事によるコーディネーター等への助言体制の充実

○全国の取組の活性化に向けた中間支援機能の強化
・コーディネーターや放課後・学校支援関係者等の全国的なネットワークの形成等に必要な中間支援機能の強化
・子供の教育活動に係る人材や財源が、公的支援だけでなく民間も含め継続的に集まる仕組みづくりの推進

Ⅳ. 基本的方向性を実現する具体的方策①
～全ての子供たちのための放課後等の教育の充実に向けた新たな方策～

1. 学校と放課後や土曜日等の学びがつながる仕組みづくり

（1）学校・家庭・地域の連携・協働による社会総掛かりでの教育の発展的展開

○　未来を担う子供たちを健やかに育むためには、学校、家庭、地域住民等がそれぞれの役割と責任を自覚しつつ、社会総掛かりで教育に取り組むことが重要であり、この趣旨は平成18年に改正された教育基本法にも明記されている。

○　「社会総掛かりでの教育」を実現するためには、それぞれの主体が子供の教育に関わる重要性等についての理解を深めるとともに、学校・家庭・地域が連携・協働して教育活動を展開するための具体的な仕組みが必要である。

○　そのための具体的な仕組みとして、地域住民が放課後の子供たちの教育活動を支援する「放課後子供教室」、学校の授業や部活動、学校行事等を支援する「学校支援地域本部」、保護者や地域住民が学校運営に参画する「学校運営協議会（コミュニティ・スクール）」等の取組が全国で広がりつつある。

○　平成25年度には、放課後子供教室は公立小学校の51％の10,376教室、学校支援地域本部は公立小中学校の28％の3,527本部（8,654校）、コミュニティ・スクールは平成26年4月現在1,919校の公立学校で取り組まれ、年々増加してきており、取組の効果が広まり、学校・家庭・地域の協働体制の構築や地域とともにある学校づくりが進んできているといえる。

○　第2期教育振興基本計画においても、今後取り組むべき具体的方策として、「全ての学校区において、学校と地域が連携・協働する体制が構築されることを目指す」としており、更なる取組の充実を図る必要がある。

○　また、放課後の支援と学校支援等の連携や、放課後支援の関係者と学校との情報共有が十分でないなどの課題もあり、これらの機能を有機的に組み合わせた発展的な仕組みづくりを進めていくことが重要である。

（2）学校と放課後等の学びがつながる“横の連携”の仕組みづくり

○　子供の時間は、学校と放課後や週末もつながっており、「学校で学んだことを、放課後にもう少し調べてみたい」と思うような、学びや遊びの連続性を意識した教育活動の支援が重要である。

○　また、子供の教育活動に地域の住民が関わることにより、学校以外で見せる子供の多様な側面に気付き、教員とは違った視点から子供を多面的に見ることができ、更にその情報を教員と共有することにより、学校教育に生かすことにもつながり、効果的である。

- 10 -

○　そのため、放課後支援関係者と学校関係者や学校支援関係者が日常的に情報を共有したり、課題を話し合ったりする機会を設けることが重要であり、例えば、学校区ごとに、放課後子供教室、放課後児童クラブ、学校支援地域本部、学校関係者等からなる協議会を設けたり、その協議会を基盤として学校運営協議会（コミュニティ・スクール）に発展させることで学校・家庭・地域の組織的・継続的な連携・協働体制を確立することも一つの方策である。

○　その中で、教育目標や育てたい子供像、子供たちの状況などの情報、アクション（実際の支援活動）の方向性など、子供たちを総掛かりで育むための基本的な方向性を共有し、理解を深めることが重要である。

（３）就学前と小学校、小学校と中学校など“縦の連携”が生まれる仕組みづくり

○　学校・家庭・地域が連携・協働する上で、学校区を一つの地域単位とする仕組みづくりは、三者が当事者としての意識や役割を持ちやすく、顔の見える関係として思いや行動を共有でき、効果的である。

○　一方、一つの学校区だけで仕組みづくりを進めることは、その学校区だけに地域が閉じてしまい、小学校から中学校に進学すると、これまでの目標や情報、活動がつながらないといった課題もあり、子供たちの発達段階を通じた縦の連携を意識することも大変重要である。

○　子供たちを取り巻く社会の状況が様々に変化し、課題が多様化、複雑化してきている中、学校においては、複数の学校段階間で連携して課題解決に当たることがより一層求められており、幼児期の教育と小学校の連携や小学校と中学校の連携・一貫教育などを進める動きもある。

○　学校間連携は、学びの連続性を意識した体系的な教育の実現や、進学によって、新しい環境での学習や生活に移行する段階での諸問題の発生（いわゆる中１ギャップ）の抑制といった効果があり、学校と地域の連携と併せて取り組むことで大きな効果が期待できる。

○　例えば、ある自治体（奈良市）では、中学校区を単位として、学校支援や放課後支援を行う仕組みづくりを行い、自治会や社会福祉協議会等の地域の各種団体の代表者、PTA、教職員等からなる「地域教育協議会」（学校支援地域本部）を市内の全ての中学校区に設置し、その中学校区にある、幼稚園、小学校、中学校にそれぞれ「運営委員会」を置き、学校支援活動や放課後子供教室の活動に取り組んでいる。

○　中学校区を単位とすることで、学校と地域だけでなく各学校間の連携が促進され、地域や各学校園の現状や課題が共有でき、幼稚園と小学校、中学校の接続がスムーズになり、義務教育９年間を見通した、子供たちのより良い学びのための校区の基盤づくりにつながっている。

○　なお、こうした仕組みづくりを進めるに当たっては、地域と学校が連携することの効果を関係者が理解し合うことが重要であり、取組により子供や学校がどう変わ

ったか、といった効果を客観的に把握できるよう、数値も含めた成果を蓄積していくことが必要である。

２．学校や子供たちを核とした地域づくり

（１）多様な関係者がつながる学校施設の複合化・共用化

○　子供たちに関わる多様な関係者がつながり合い、社会総掛かりで子供たちを育んでいくためには、学校施設の複合化・共用化を進め、物理的に交流できる場づくりを推進していくことも一つの方策である。

○　例えば、ある自治体（千代田区）では、一つの空間の中に幼稚園と保育所、認定こども園をつくり、その上に小学校と放課後子供教室があり、夜は地域住民が活動するコミュニティ施設になるという事例があり、それらの関係者が定期的に情報共有を図っている。

○　また、ある自治体（横浜市）の中学校では、学校内にコミュニティスペースが併設されることにより、乳児から小学生、高齢者までがそこに集うことができ、学校の中に、“地域の縁側”といった地域施設の機能を果たす場所があることにより、学校と地域をつなぎ、地域全体で子供たちを育む環境ができている事例もある。

○　被災自治体（岩手県大槌町）においても、将来の町を担う子供たちが、郷土に誇りを持ち、文化の継承と復興に取り組む価値を見いだす教育づくりとして、「ふるさと科」を導入し、学校・家庭・地域の協働による小中一貫教育を推進しており、新たに建設する学校施設の中に、「井戸端会議室」という地域連携室を設置し、地域の大人が集い、災害時には防災拠点となる開かれた学校づくりの計画が進んでいる。

○　既存の学校施設においても、学校と地域が共用できるスペースを設けるなどの工夫を進めるとともに、今後、学校施設の新築・改築が進められる際には、地域の人々の交流の場などを備えた地域コミュニティの拠点としての学校施設の整備も意識した計画がなされることが期待される。

（２）子供に関わる大人の学びのコミュニティ化と地域の活性化

○　子供たちは、家庭や学校、地域、企業等をはじめとする多くの大人とのつながりの中で育つものであり、子供に関わる大人が、いかに自らの生活・社会経験や知恵等を子供に伝えていくかが重要であることから、大人も学び、学ぶためにつながっていくことが重要である。

○　また、そうした子供との関わりの中で、大人の学びのコミュニティも創っていくことが重要であり、それが子供たちの未来を育むことにもつながり、街の未来にもつながることとなる。

○　「いいまちはいい学校を育てる」、「いい学校がいいまちをつくる」というように、学校は地域づくりの一つの大きな核であり、コミュニティが学校を育て、学校がコ

- 12 -

ミュニティを育てるという関係性が定着していくことが望まれる。

３．教育と福祉の連携促進による放課後等の支援の充実

（１）女性の活躍促進に向けた放課後等の支援の充実

○　仕事と家庭を両立するための環境整備の推進等により、共働き家庭は増加し、国は、保育所の「待機児童解消加速化プラン」等に取り組んでいるが、小学校入学で、これまで勤めてきた仕事を辞めざるを得ない、いわゆる「小一の壁」の存在が課題となっている。

○　共働き家庭等の子供たちの放課後等の居場所づくりについては、厚生労働省の放課後児童クラブ等による整備が進められ、平成 25 年度現在、21,482 か所の放課後児童クラブを 889,205 人が利用しているが、利用できない児童（いわゆる待機児童）が 8,689 人（平成 25 年度）存在しており、厚生労働省が市町村に聞き取りを行った調査によれば、平成 31 年度時点の利用ニーズは約 120 万人と推計され、新たに約 30 万人分の受皿を拡大する必要がある。

○　「日本再興戦略（平成 25 年 6 月閣議決定）」の改訂に向け、本年 1 月に閣議決定された「成長戦略進化のための今後の検討方針」においても、今後取り組むべき重要課題として、「小学校入学後も、子どもが安心して過ごせる居場所を確保し、子どもを持つ女性等の就業を更に促進する観点から、待機児童解消等に向けた学童保育の充実等」が挙げられており、対応が急務となっている。

○　また、共働き家庭に限らず、少子化や都市化等の影響により、全ての子供たちにとって、異年齢の子供たちと交流する機会や、親や教員以外の大人と触れあう機会が少なくなっており、放課後等に、学校の級友以外の友達や、多様な大人と交流できる居場所の確保は共通の課題である。

○　さらに、放課後に習い事や学習塾等の多様な学習機会を活用する子供たちがいる一方、そうした機会を有意義に活用できない子供たちとの間での学習機会の格差も指摘されており、全ての子供たちに豊かな学習・体験の機会が提供される環境づくりを進めていくことが必要である。

○　これらに対しては、平成19年度より、文部科学省と厚生労働省が、放課後子供教室と放課後児童クラブを連携又は一体的に実施する「放課後子どもプラン」を推進してきているが、依然として一体的実施や連携、学習プログラムが十分でないなどの課題があり、「放課後子どもプラン」の更なる充実が求められる。

（２）学校や放課後子供教室と放課後児童クラブの連携強化

①新たな放課後対策の基本的な考え方

○　小学校入学後の待機児童解消に向けた検討については、政府全体としても、産業競争力会議（議長：内閣総理大臣）を中心に行われ、平成26年5月28日の同会議課題別会合において、文部科学大臣と厚生労働大臣の共同により、新たな放課後対策として「放課後子ども総合プラン」が提案され、両省において具体策の検討が進められ

- 13 -

ている。

○　新たな提案においては、いわゆる「小一の壁」を打破し、共働き家庭等の児童にとって安心・安全な居場所を確保する観点と、次代を担う人材の育成のため、全ての子供たちが多様な学習・体験活動を行うことができる環境の整備を図る観点の両面から、総合的に放課後対策の推進を図るため、放課後児童クラブと放課後子供教室の一体的な実施を強力に推進する方向性が示されている。

○　具体的には、平成31年度までに約30万人分の放課後児童クラブの新たな受皿を拡大するため、全小学校区で放課後児童クラブと放課後子供教室を一体的に、又は連携して実施すること、そのうち約１万か所以上を一体型とすること、基盤となる放課後子供教室を全小学校区で整備すること等が提案されている。

○　また、そのためには、学校施設の一層の活用を図り、新たに開設する放課後児童クラブの約80％の学校内での実施を目指すことや、全ての子供たちを対象としたプログラムの充実を図ることなどが打ち出されている。

○　これらの具現化に向け、文部科学省は、厚生労働省と一層の連携を図りつつ、具体的方策や持続可能な仕組みづくりに向けた検討を早急に進めていくことが求められる。

○　また、各自治体においても、今後の放課後対策の充実に向けた検討を進め、例えば具体化に向けた目標を自治体の行動計画等に位置付けていくなど、計画的な整備を進めていくことが重要である。

②学校施設の活用の促進

○　学校施設は、子供たちが放課後に校外に移動せず安全に過ごせる場所であり、学校の教育活動だけでなく、放課後の活動においても、可能な限り、余裕教室や放課後等に一時的に使われていない教室等を有効に活用することが重要である。

○　学校施設を放課後児童クラブなどに転用する際の財産処分手続は既に大幅に弾力化され、平成21年度には、放課後子供教室や放課後児童クラブの実施に際して、余裕教室等の活用促進を図る通知も発出されているところである。

○　しかしながら、学校施設管理上の理由から、教育委員会や学校の理解が得られない場合があるなど、教育と福祉の関係者の間に意識の壁があるのではないかとの指摘もある。

○　放課後児童クラブが学校内の余裕教室や専用施設等で実施している割合は、平成25年度時点で約50％となっており、今後新たに開設する放課後児童クラブについては、その割合を大幅に高めていく必要があると考えられ、より一層の学校施設の活用促進が求められる。

○　そのためには、放課後活動の管理運営上の責任体制を明確化するとともに、事故が起きた際の対応や、学校が放課後児童クラブのスペースを使用することとなった場合の取決め等について、首長と教育委員会で協定を締結している自治体もあり、こうした事例の共有により、教育委員会や学校の不安を一掃していくことが求められる。

- 14 -

○　また、余裕教室は、文部科学省の調査（平成25年5月現在）によると、小学校で約43,000教室あり、99%が既に活用されているが、そのうち92%は当該学校の施設として、学習方法・指導方法の多様化に対応したスペースや、特別教室、授業準備のスペース、教職員のためのスペース、地域への学校開放を支援するスペース、学校用備蓄倉庫等に活用されており、これらのスペースについて、各自治体において放課後対策のために利用できないか検討することも重要である。

○　放課後対策は、実施主体にかかわらず、同じ学校に通う児童生徒の健やかな成長のため、立場を越えて連携して取り組むことが重要であり、教育委員会と福祉部局の行政関係者、学校関係者、放課後支援関係者、保護者等からなる協議会を設け、学校施設の活用に関する計画を協議し、状況を公表することや、日頃の活動の中で信頼関係を高めること等を通じて、関係者間の理解の促進を図ることも重要である。

○　なお、新たな教育委員会制度において設けることとされている総合教育会議を活用し、首長と教育委員会が総合的な放課後対策について十分協議し、放課後児童クラブと放課後子供教室の一体的実施を進めていくことや、学校施設の積極的活用を促進することなども期待される。

③全ての子供たちを対象とした多様な学習・体験プログラムの充実

○　放課後等における子供たちの豊かな教育環境の実現のためには、居場所の確保や自由な遊びだけでなく、学校で学んだことを深めたり広げたりする学習や、補充学習、文化・芸術に触れあう活動、スポーツ活動、地域の歴史や伝統を学ぶ活動など、子供たちの興味関心やニーズに応じた多様なプログラムが充実することが望ましい。

○　また、例えば、子供たちによるボランティア活動や、子供たち自らが放課後活動の企画に参画したり、高学年の子供たちが低学年の子供たちの学びをサポートする活動など、与えられたプログラムをこなすのではなく、子供たちの主体性を引き出し、地域で役に立つ経験や、失敗を恐れずに挑戦する経験等を通じて、自尊心や達成感が高まるような機会が充実することも重要である。

○　こうした多様な学習・体験プログラムに、共働きか否かに関わらず、全ての子供たちが参加できること、低学年だけでなく、高学年の子供たちの学ぶ意欲を満たす内容も充実することが重要であり、基盤となる放課後子供教室をこれまで以上に充実させ、原則として全ての小学校区で実施できるよう計画的に整備していくことが必要である。

○　そのためには、地域住民等の一層の参画を促すとともに、これらの人材に加え、大学生や企業ＯＢ、地域の高齢者、子育て・教育支援に関わる NPO、習い事や学習塾等の民間教育事業者、文化・芸術団体などの参画を促進していくことが重要である。

○　また、多様なプログラムを展開するためには、学校の図書館、体育館、校庭等の多様なスペースを活用することが有効であり、余裕教室だけでなく、これらの施設の一時利用を積極的に促進していくことが必要である。

○　その際、図書ボランティアやスポーツ活動ボランティアを充実するなどして、それぞれの場の安全管理を図る工夫も必要であり、これらの人材の確保に当たって、学校支援に関わるボランティアの放課後への参画を促すことも有効である。

○　なお、学校の長期休暇中は、家庭や地域で過ごす時間が長く、この機会のプログラムを充実したり、地域の様々な団体が実施する学習や体験活動と放課後子供教室が連携するなどして、参加児童が有意義に過ごせるような工夫も重要である。

④一体型を中心とする放課後対策の推進

○　新たな放課後対策の推進に向けては、現在、既に同じ学校内で放課後子供教室と放課後児童クラブを実施している場合には、共通のプログラムの実施や相互交流等を通じて、速やかに一体的実施を進めるとともに、新たに設置する場合にも、可能な限り学校施設を活用しつつ、一体的実施を想定した整備を進めることが求められる。

○　その検討に当たっては、地域の実情やニーズに応じて、実施頻度や場所等について、持続可能なものとなるよう進めることが重要である。

○　例えば、学校内で行う一体型の取組であっても、実施頻度については、地域のニーズ等に応じて、毎日、放課後子供教室を実施し、一定の時間まで共通のプログラムを提供し、その後は放課後児童クラブの児童の生活の場も確保する地域もあれば、放課後子供教室は週１～２回など定期的な開催とする地域も考えられる。

○　また、実施場所についても、放課後児童クラブが児童館等で実施する場合など、やむを得ず同一の場所で実施できない場合には、例えば、放課後子供教室の開催日には、小学校等で行うプログラムに参加した後に児童館等へ移動する、といった連携を進めることも重要である。

○　いずれの場合においても、全ての子供たちが多様なプログラムに参加できるよう、原則として、全ての小学校区において、放課後子供教室と放課後児童クラブとの一体的実施や連携を進めることが求められる。

○　なお、学校施設を有効に活用しつつ、一体型を中心とした放課後対策を推進していくためには、まず、その実施主体、管理上の責任体制を明確にし、関係者間の理解を深めていくことが重要である。

○　放課後の活動は、学校施設を活用する場合であっても、学校教育の一つとして位置付けられるものではないことから、実施主体は、学校ではなく、市町村の首長部局や教育委員会等となり、これらが責任を持って管理運営に当たること、また、具体の運営方針や人材や資金の集め方、プログラムの評価・検証等については、市町村に、行政、学校関係者、放課後支援関係者、保護者等からなる協議会等を設けて協議していく、といった体制づくりが必要である。

○　その際、子供たちの成長を皆で共有していくことが重要であり、放課後の子供たちの様子を学校の教職員や保護者とも共有できるよう、定期的・日常的に、放課後児童クラブや放課後子供教室の関係者と学校の教職員との情報共有を図る仕組みづくりを併せて進めることが望ましい。

- 16 -

○　また、保護者が放課後の子供たちの様子を把握し、家庭教育に生かしたり、家庭での子供の状況を放課後関係者が把握したりすることは極めて重要であることから、保護者との対話や連絡帳のやりとり等を通じて保護者との連絡を密にするとともに、保護者が担い手として参画できるような工夫も必要である。

（３）中高生を対象とした放課後等の支援の充実

○　小学生だけでなく、中学生や高校生にとっても、放課後等の時間をいかに過ごすかは大変重要であり、全国学力・学習状況調査によると、平成25年度現在、学校の部活動に参加をしている中学生（調査対象：中学３年生）は86%にのぼっているが、13%は部活動には参加していない状況がある。

○　また、平日１日３時間以上テレビやビデオ・ＤＶＤを見る生徒や、２時間以上テレビゲーム等を行う生徒、２時間以上インターネットを行う生徒は、それぞれ約30%にのぼり、ほぼ毎日携帯電話での通話やメールをする生徒も約40%となっており、放課後に、家庭等で個人で過ごす時間が長いことがうかがえる。

○　中学生が地域と関わる機会は、近年増加傾向はうかがえるが、地域行事に参加する生徒は約40%、地域の大人に勉強やスポーツを教えてもらったりすることのある生徒は23%、地域や社会をよくするために何をすべきか考えることがあるという生徒は27%にとどまり、いずれも小学生に比べて少なく、日常生活の中で、中学生が地域や社会との関わる機会が十分でないことが推測される。

○　こうした中、学校支援地域本部の仕組みを活用し、地域の学習ボランティアが、学級担任や部活動の顧問の教員等と連携しつつ、中学生に放課後の学習支援を行っている事例もある。

○　また、子供が持つ力を発揮する機会を充実するため、例えば、中学校に、ボランティアクラブをつくり、他の部活動と兼ねられるなど参加しやすい体制としつつ、地域の特産物を生かして“学区ブランド”を子供たちが企画・開発したり、地域のお祭りや放課後子供教室を支援するといった取組を行っている事例や、高校のボランティア部の生徒が、放課後子供教室において小学生の学習支援を行っている事例もある。

○　次代を担う子供たちにとって、中学生や高校生等の時期に、多様なロールモデルに出会う機会や、自ら主体的に考え、行動し、地域課題等に大人と協働して取り組むといった経験は、社会的自立を支えていく上で大変重要であり、こうした取組も含め、中高生が有意義に過ごせる放課後対策の一層の充実が期待される。

○　なお、放課後の活動の場があることで、例えば、ある自治体（名古屋市）では、地域の児童館で活動する中学生や高校生のサークル、さらには放課後教室を体験した大学生、その小学校を卒業した社会人等が、現在在籍している子供たちの支援に関わるなど、縦のつながりや支援の循環も生まれており、放課後対策の充実は、社会総掛かりでの教育の担い手育成にもつながっているといえる。

- 17 -

（4）特別なニーズのある子供たちへの放課後等の支援の充実

○　全ての子供たちの豊かな教育環境の実現のためには、特別な支援を必要とする子供や、日本語指導が必要な外国人の子供、日本国籍であるが日本語指導が必要な子供、児童養護施設等で暮らす子供など、多様な子供たちの状況に配慮した、きめ細かな支援も必要である。

○　特に、特別支援学級や特別支援学校等に在籍する特別支援教育の対象となる子供たちや、日本語指導が必要な子供たちは近年増加しており、学校の教育活動の一つとしての支援に加え、こうした子供たちが放課後の活動に参加しやすい工夫を行うことも重要である。

○　例えば、コーディネーターやボランティアに対する研修の中で、発達障害に関する理解を深めるテーマを取り上げたり、特別支援学校における放課後子供教室において、教育学部や福祉学部等の大学生の参画により活動を行っている事例もある。

○　これらの事例を共有するとともに、今後の放課後のプログラムの充実を図る中で、障害の理解や国際理解を深める内容を取り上げたり、小・中学校等と特別支援学校の子供たちの交流を促進する活動等を充実することも考えられる。

○　また、児童養護施設で暮らす児童も増加しており、厚生労働省や自治体の福祉部局を中心にこれらの児童への支援の充実を図っているが、大学等への進学率が全ての高等学校卒業者に比べて著しく低いなどの課題もあり、厚生労働省と連携しつつ、学校教育だけでなく、放課後等において学習意欲や学習習慣の形成を支援することも重要である。

○　そのための一方策として、学校施設等で行う放課後等の活動に参加しやすい工夫を行うだけでなく、例えば、こうした子供たちへの支援を行うNPO等と連携するなど、出前教室のような形で施設等に出向いて行う形式等も考えられる。

○　これらの特別なニーズを有する子供たちの支援の充実に当たっては、今後一層、教育と福祉の連携を深め、行政の縦割りの役割分担にとらわれない新たな方策等を検討していくことが期待される。

４．持続可能な仕組みとするためのコーディネーターの育成・機能強化

（１）学校と地域をつなぐコーディネーターの役割や位置付け

①コーディネーターの役割と効果的な配置・位置付け

○　学校と地域、学校と放課後の活動をつなぐためには、コーディネーターの役割が重要であるが、コーディネーターが一人で多くの調整を担い、後継者不足等が課題となるなど、持続可能な体制づくりが必要である。

○　ある自治体（奈良市）の例では、中学校区の「地域教育協議会」に「総合コーディネーター」を、幼小中の「運営協議会」に「代表コーディネーター」を位置付け、各学校区間での協力体制を築いている。

○　また、ある自治体（小平市）では、一つの学校区内に、活動ごとに学習支援部会、部活動支援部会、家庭教育支援部会などの部会を設け、各部会にコーディネーターを置き、コーディネーターの連絡会を設置している例もある。

○　また、コーディネーターが活動しやすい環境づくりとして、職員室に学校支援地域本部のコーディネーターの籍を置き、日頃から教員と情報を共有したり、職員会議や学校運営協議会への参加等を通じて、学校との協力関係を深めている例もある。

○　活動をより充実させるためには、コーディネーターが学校とイコール・パートナーとなりつつ、地域の人材の発掘・確保、保護者の協力を得ていく必要があり、その活動を NPO が支援したり、事務処理に係る負担の軽減を図ることも重要である。

○　例えば、被災地の自治体（福島県楢葉町）では、厳しい状況にある子供たちの学習環境の改善のため、行政との連携のもと、東京の NPO 法人が中心となって放課後の学習支援活動を立ち上げ、NPO 職員がコーディネートを担い、地域住民が参画することにより、ノウハウを学び、人材育成につながっている例もあり、行政と NPO、地域住民・団体との連携を推進することも効果的である。

②学校のコーディネーター（地域連携担当の教員等）の位置付けの明確化

○　学校と地域の協働を進める上で、教員の理解の不足や、教員の人事異動により継続性が担保されにくいといった課題がよくあげられる。

○　そのため、地域側の窓口としてのコーディネーターだけでなく、学校側の窓口として、地域連携担当の教職員を置く例や、地域連携の業務を校務分掌に位置付ける例もあり、効果的である。

○　また、初期の段階では、校長などの管理職がリーダーシップを取り、次第にこうした体制づくりにつなげていくということも一つの方策である。

○　なお、学校の体制づくりは、学校独自の取組だけでなく、自治体全体の体制づくりの一つで行われることも重要であり、例えば、行政での社会教育主事の経験のある教員を学校に配置していく仕組みづくりを都道府県全体で進めている事例もあり、こうした行政による体制づくりが進められることが期待される。

（２）コーディネーターの育成・機能強化に向けた研修の充実

○　持続可能な仕組みづくりのためには、コーディネーターの育成やスキルアップのための研修の充実、コーディネーター同士が情報を共有し合えるネットワークづくり等を進めることが重要である。

○　研修の内容、回数、対象等については、都道府県レベルで検討・実施されており、年に数回、市町村からの推薦によるコーディネーターに対して実施されているものが多くみられる。

○　今後のコーディネート機能の強化に向けては、これからコーディネーターになる人、始めたばかりの人、地域のコーディネーターのリーダーや総括を務める人などでは課題や役割も異なることから、そうした対象ごとの研修を設けたり、経験豊富なコーディネーターと情報共有できる機会を設けるなど、コーディネーターの資質向上を図れるような仕組みを構築することが重要である。

○　また、一体型を中心とする放課後対策を推進していくためには、より一層、放課後子供教室と放課後児童クラブの研修を合同又は連携して進めていくこと、教員や学校支援関係者向けの研修の充実を図ること、これらの人材が共に参加し、課題や目標を共有したり、ネットワークを構築できる共通の研修を充実することなども重要である。

○　研修を実のあるものにするためには、希望者が参加しやすいように配慮しつつ、今後、その地域が進めていきたい体制づくりに見合った人材育成が行えるよう、各自治体において、年間や将来を見通した研修の体系を構築していくことが期待される。

5．全国の取組の活性化のための中間支援機能の強化

（1）スーパーバイザー等の配置によるコーディネーターへの助言体制の構築

○　持続可能な仕組みづくりのためには、コーディネーター等の活動を支える、サポートシステムを充実していくことも重要である。

○　例えば、各都道府県などある程度広域の範囲に、スーパーバイザーやアドバイザーといった、コーディネーターに助言ができる人材の配置を進めていくことも一つの方策である。

○　また、こうした役割を社会教育主事が担い、行政と学校、地域をつなぎ、コーディネーターの活動を支えていくことも重要である。

（2）中間支援機能の強化

○　社会総掛かりでの教育を絵に描いた餅にせず、具体化し、そして持続可能なものとしていくためには、こうした活動を支える広域的な基盤づくりも必要であり、地域単位だけでなく、全国のスーパーバイザー、コーディネーターを始め、学校支援や放課後支援に係る人材、NPO などのネットワーク形成を図る中間支援組織の創設を視野にいれることも必要である。

○　また、国や都道府県、市町村が必要な支援策を講じることと併せて、例えば、寄附や基金など、教育支援に係る人材やもの、財源が、公的資金のみならず、民間も

含めて、継続的に集まるような仕組みの構築も重要である。

○　さらに、新たな課題や方策に取り組む自治体や学校区や一定の機能を満たしている取組に対し、国や中間支援組織が一定の認証や呼称を付して取り上げたり、取組の成果や課題等を評価・検証し、全国に発信していくなど、全国の取組の充実に向けた新たな方策が期待される。

V．基本的方向性を実現する具体的方策②
〜土曜日の豊かな教育環境の実現に向けた新たな方策〜

1．これまでの経緯と土曜日の教育活動の理念

○　土曜日における教育活動の理念については、文部科学省に設置された「土曜授業に関する検討チーム」において、平成25年９月に、次のとおり整理された。

・学校、家庭、地域の三者が連携し、役割分担しながら社会全体で子供を育てるという理念は、普遍的に重要。
・学校週５日制は、このような基本理念を踏まえて導入されたものであるが、一方で、土曜日を必ずしも有意義に過ごせていない子供たちも少なからず存在するとの指摘。
・子供たちにこれまで以上に豊かな教育環境を提供し、その成長を支えることができるよう、学校、家庭、地域が連携し、役割分担しながら、学校における授業や地域における多様な学習、文化、スポーツ、体験活動等の機会の充実に取り組むことが重要。

○　このような観点から、学校における学習機会の提供の一つの方策として土曜授業を捉え、設置者の判断により、土曜授業を行うことが可能であることをより明確化するため、平成25年11月に学校教育法施行規則の一部改正が行われた。

○　また、土曜日の教育活動の推進に当たっては、質の高い土曜授業の実施のための支援策を講じるとともに、地域における学習やスポーツ、体験活動等の様々な活動を一層促進するための方策など、子供たちの土曜日を全体としてより豊かで有意義なものとするための施策についても検討する必要がある、という基本的な考え方が示された。

○　これらを踏まえ、新たに、平成26年度より、国として、土曜日の教育活動の推進に係る施策を実施することから、土曜日の豊かな教育の実現に向けた新たな方策の考え方について、以下のとおりまとめる。

○　なお、ここで示す内容は、新たな方策として考えられる事柄を網羅的、かつ、より良い方策として示したものであり、子供たちの豊かな教育環境の実現に向けては、地域の実情に応じて、まずは、できることから始めていくことが重要である。

2．土曜日の教育活動の実施主体や特徴

（１）土曜日の教育活動の形態と実施主体

○　土曜日の教育活動については、その実施主体は扱う内容等により、以下のような幾つかの形態に整理できる。
・　児童生徒の代休日を設けずに、土曜日を活用して教育課程内の学校教育活動を行う「土曜授業」
・　学校が主体となって、希望者を対象として学習等の機会の提供を行うなど、教育課程外の学校教育を行う「土曜の課外授業」
・　教育委員会など学校以外の者が主体となって、希望者に対して学習等の機会の提供を行う「土曜学習」

○　このうち、「学校支援地域本部」や「放課後子供教室」などが主体となって、土曜日

の教育活動を行う場合は、「土曜学習」に該当し、原則として市区町村教育委員会等（高等学校や特別支援学校の場合には都道府県等）の責任の下、学校や地域、企業等との連携により行われるものとなる。

○　また、「土曜授業」や「土曜の課外授業」は、学校が主体となって行う形態であるが、「学校支援地域本部」や「放課後子供教室」などが協力し、学校の教職員が行う教育活動に地域や企業等の外部の人材が連携して実施する場合も考えられる。

○　なお、こうした実施形態も含め、各自治体等において、どのように土曜日の教育活動を進めていくかについては、これまでの学校や地域での土曜日における教育活動の実施状況やニーズを踏まえつつ、都道府県や市町村の教育委員会等において、十分な検討を行うことが必要である。

○　本ワーキンググループでは、土曜日の豊かな教育環境の実現に向けて、主として、教育委員会など学校以外の者が主体となって、希望者に対して学習等の機会の提供を行う「土曜学習」を中心に、今後の新たな方策の在り方について提案する。

（2）土曜日の教育活動の推進に係る関係者の理解の促進

○　土曜日の教育活動の実施に当たっては、行政だけでなく、学校や保護者、地域の関係者との間で、その教育的価値について互いに理解し合うことが大切である。

○　そのため、教育委員会、学校、保護者、地域の教育・福祉等の関係者、企業、NPO等が、その地域におけるこれからの教育についての思いを共有し、その実現のための取組の一つとして、土曜日の教育活動の在り方等について話し合うことが重要である。

○　また、各学校区における土曜日の教育活動の実施方針等について、例えば、学校支援地域本部や学校運営協議会等の関係者が集う場を活用しつつ、校長等と連携・協力して検討を進めていくことも考えられる。

○　さらに、具体の教育活動の実施に当たっては、子供たちの教育環境を整えていくため、学校区などを範囲に活動するコーディネーターが、校長や教職員等と相談しながら、学校の教育課程との関連などの要望と地域や企業側のプログラム内容等を組み合わせ、十分な調整を図りながら行っていくことも重要である。

（3）土曜日ならではの特徴や教育効果

○　土曜日には、平日には参加が難しい現役の社会人も含め、保護者、地域や企業の多様な人材が参画することが可能であり、実社会の経験や生活体験を踏まえたプログラムが可能となる重要な日といえる。

○　また、学習集団としても、学校の学級単位等だけでなく、異学年や異学校種も含めた多様な集団を形成することが可能であり、学習等のプログラムの内容等に応じた効果的な工夫がなされることが期待される。

○　実施場所についても、学校施設だけでなく、地域の公民館、図書館、博物館、体育館

- 23 -

等の社会教育施設や、児童館、企業が有する施設など、多様な場所を活用することにより、子供たちの学校での学びが深まり、豊かな体験につなげることが重要である。

○　土曜学習においては、子供だけではなく、保護者や地域住民とともに学べる機会とすることも可能であり、これにより、子供たちの学びや育ちに関する保護者や地域住民の理解が促進され、学校・家庭・地域の連携・協働により、社会総掛かりで子供を育む体制づくりが推進されることが期待される。

○　なお、こうした土曜学習の意義や効果等に関する理解を深めるため、国や都道府県、市町村が、土曜学習のモデルとなる取組内容等を普及するフォーラムなどを行っていくことも効果的である。

3．土曜日の豊かな教育環境の実現に向けた具体的方策

（1）多様な主体が土曜日の教育活動に参画する仕組みづくり

①地域人材の参画促進

○　身近な地域には、地域の歴史や文化・産業等に詳しい人材や、スポーツ指導者、在外経験者、農業や林業、漁業に関わる人材、個人事業主を始め多様な職業経験を有する人材、子育て経験者、PTA 経験者など、豊かな社会経験や指導力を持つ多くの人材がいる。

○　土曜日の教育活動の推進に当たっては、こうした多様な地域人材が、自らの経験や知識を生かし、土曜日の教育活動に参画できるような仕組みを構築する必要があり、例えば「学校支援地域本部」や「放課後子供教室」などの仕組みの活用も効果的である。

○　また、これまで社会教育・生涯学習分野で養成されてきた「生涯学習講座」等の修了生や、日頃から地域で多様な活動を実施している自治会、婦人会、社会教育団体や青少年団体、子育て支援等の団体や商工会、まちづくり関係団体等の多様な地域組織と連携することも効果的である。

②保護者の参画促進

○　土曜日は、日頃仕事等で忙しい保護者にとっても、休日である方が多く、平日に比べて参加しやすい日であるといえるが、教育活動に参加したくても参加の仕方がわからない、といった保護者も多い。

○　保護者は、現役の社会人でもあり、多くの保護者が参画することにより、多様な知識・経験を子供たちの教育に生かすことが可能であることから、企業等との連携だけでなく、保護者が参画しやすい仕組みの構築や PTA、おやじの会等の仕組みを生かすことも重要な視点である。

○　また、土曜日をきっかけとして、父親や、これまで学校や地域の行事に参加できていない保護者の参画を促すことにより、他の保護者や子供たちとの関わりを通じて、

子育てを振り返り、喜びや学びにつながるなど、家庭教育の支援にも役立つ可能性がある。

○　社会総掛かりで教育に取り組む体制づくりを進めるためには、子供に関わる大人をどう育てるかが重要であり、こうした保護者の土曜日の教育活動への参画がきっかけとなり、自らの子供の教育だけでなく、地域の子供を育てるという意識が高まり、子供が卒業した後も、地域の子供の教育に関わる人材が育っていくことが期待される。

③企業・団体等の連携・協力の促進

ⅰ）学校のニーズと企業等の取組のマッチング

○　土曜日の教育活動の実施に当たっては、学校における学習が実社会にどのようにつながっているかを学べるよう、また、学校における教育をより効果的なものとするため、保護者や地域人材の個人の参画だけでなく、企業や団体の協力を得ることも効果的である。

○　近年、企業等においては、業務として学校における出前授業等を実施し、経済団体等が企業のプログラムのポータルサイトを作成するなど、教育支援のプログラムを実施してきている。

○　しかしながら、個々の学校からの要請に応じた実施にとどまるなど、一部の学校や地域に限られており、広く全ての子供たちが、土曜日ならではの生きた学習プログラムに参加することができるよう、学校の要望と企業等のプログラムや人材をマッチングできる仕組みが必要である。

○　そのための方策として、土曜日の教育活動の実施方針を企画・立案する委員会組織等への、経済団体や企業等の関係者の参画を促進することや、学校や企業・団体等のニーズを把握し、調整を行うコーディネーターが配置されることが重要である。

○　また、企業等との連携が進んでいる自治体においても、「外部団体がどのような教育プログラムを持っているのか詳しい情報がわからない」「事前打合せの時間を確保することが難しい」といった声が多く、学校側のニーズと企業側のプログラムの双方の情報が共有できるような仕組みを国や都道府県等が構築していくことが必要である。

ⅱ）企業等の人材が教育活動に参画するための職場環境づくりや研修の必要性

○　企業等の人材の参画に当たっては、経営者等の理解が重要であり、経営者等が教育活動に参画する仕組みづくりも効果的である。

○　また、経営者だけでなく、多様な人材が教育活動に参画できるよう、ワーク・ライフ・バランスの推進や、企業内のボランティア登録制度の構築など、職場環境づくりを推進していくことが重要である。

○　なお、産業界の視点から考えると、個人のボランティアや CSR（社会貢献）としての参画に加え、持続性の観点からも、業務の中やプロボノ（職業上持っている知識・スキルや経験を生かして社会貢献するボランティア活動）として教育活動に関わる仕組みも必要である。

○　企業等の人材の参画を促進するためには、例えば、企業内研修等において、学校や地域における教育支援活動に関する情報提供を行うことや、教育委員会等が行う研修に企業等の人材が参画し、学校組織や教育活動の理解、子供たちとの接し方等について事前に学習できる体制を構築し、教育活動に関わっていくきっかけづくりを行うことも重要である。

○　特に、これまでの職業経験を生かして、退職後に子供たちの教育に関わりたいと考えている人材が、速やかにその意欲や能力を発揮できるよう、在職中からの研修等の機会の充実が期待される。

④NPO、民間教育事業者等の連携・協力の促進

ⅰ）特定非営利活動法人（NPO）等との連携の推進

○　NPO 法人の認証数は、年々増加しており、過去10年間で約３倍となっており（平成15年度：約16,000、平成25年度：約48,000。内閣府調べ）、そのうち、子供の健全育成や社会教育の推進、まちづくりの推進、保健・医療又は福祉の増進を図る活動を行う法人は、それぞれ２万法人を超えている。

○　NPO 法人は、行政と民間の両者の特徴を併せ持つところがあり、幅広い関係者や団体等の人的なコーディネートや寄附金等の資金を集める仕組みやノウハウを有していることも多い。

○　しかしながら、現在の「放課後子供教室」においては、NPO 法人との連携は3%にとどまっており、多様な企業や団体等の協力を得て、土曜日の教育活動をより豊かなものとするためには、NPO 法人等との連携を積極的に進め、例えば、コーディネート機能の一部をNPO 法人等が担うことも期待される。

ⅱ）民間教育事業者との連携の推進

○　民間教育事業者は、学習塾のほか、書道・そろばんなどの習い事や、スポーツ、音楽、語学の教室など、公的部門だけでは対応が困難な幅広い教育分野において、重要な役割を果たしており、その従事者はそれぞれの分野で高い専門性を有している場合も多い。

○　こうした民間教育事業者のリソースを積極的に活用することは、子供たちの多様で豊かな学びを促進するとともに、子供たちが「学ぶ楽しさ」に出会い、学習意欲の向上や学習習慣の形成の支援にも大きく寄与することが期待される。

○　行政と民間教育事業者が連携するに当たっては、行政の公平性・中立性の担保の観点から、公平・適切な手続等を踏まえるとともに、必要に応じてその情報を公開するなど、保護者や住民からの信頼を損なわないよう留意することが重要である。

- 26 -

○　また、例えばある自治体（大阪府大東市）では、公益の学習塾関係の団体との連携により、協会の会員塾又は協会が認証する学習塾から講師が派遣される仕組みをつくっており、許認可なく活動を行うことができる民間教育事業者が公の役割を果たす際の工夫を設けることも効果的である。

⑤大学等の連携・協力の促進

○　大学等は、高度な教育研究拠点として、また地域活性化の中核的拠点としての多様な教育・研究資源を有しており、例えば、先端分野で活躍する研究者やポストドクター等の人材が、土曜授業における理数系の学習や外国語等の特定の専門性が必要な学習プログラム等に参画することが期待される。

○　また、専修学校や高等専門学校等も、特定の専門性を有し、職業等に必要な能力の育成を図る機関であり、その専門性や技術を生かした多様なプログラムの展開が期待できる。

○　なお、子供たちにとって、大学生・大学院生等は身近で接しやすいロールモデルとしての効果も期待されるとともに、とりわけ教育・福祉などの分野を専攻する学生やスポーツ・文化・芸術分野などの技能を有した学生等にとっては、その専門性を生かしたり、学生自身の将来の仕事につながる学習や実習としても大きな役割を果たすことから、持続的に学生が土曜日等の教育活動に参画できる仕組みづくりを行うことが重要である。

（2）学校と地域・企業・大学等をつなぐコーディネート機能の充実

①コーディネーターに求められる役割・人材

○　「学校支援地域本部」や「放課後子供教室」などの取組における「地域コーディネーター」には、学校と地域をつなぐ人材が求められ、学校の組織や教育活動と地域の多様な人材・団体に精通した、PTA 役員経験者や自治会関係者、教職員経験者等が担っている例が多く見られ、効果的である。

○　土曜日等の教育活動の推進に当たっては、学校と地域に加え、多様な企業や団体等の協力が得られるよう、産業界に精通した企業の退職者組織、経済団体や商工会議所関係者等がコーディネーターとして参画することや、NPO 法人がコーディネート機能の一部を担うことも期待される。

○　また、学校と地域や企業等、多様な主体をつなぐコーディネート機能が充実するためには、例えば、学校の窓口として地域連携を担当する教員を、地域の窓口として「地域コーディネーター」を、企業の窓口として「企業コーディネーター」をそれぞれ配置するなど、複数のコーディネーターを配置しつつ、互いに連携し合うことにより、学校の要望に応じて、地域と企業の両面から多様な参画が得られるよう工夫することも考えられる。

○　なお、企業等との連携により教育活動を行う場合には、企業等のプログラムが学校の教育活動のどこと関連するのか、その地域にあったものかなどを検討しながら調整を図っていくことが、学校側にとっては教育効果を高めていく上で、企業側にとっては子供のニーズにあったものにしていく上で重要であり、今後のコーディネーターの役割の一つとして期待される。

②コーディネーターの研修や行政の支援の重要性

○　学校と地域をつなげるコーディネーターの養成は多くの自治体で行われているが、地域だけでなく、民間企業や NPO 等のリソースの活用の仕方まで含めた育成がなされている例は少ない。

○　今後は、学校や地域の関係者だけでなく、企業や企業の退職者組織、経済団体、NPO、大学等の関係者も含めた学び合いや好事例を通じた学習などを通じて、多様な主体をつなぐコーディネーターの育成や研修を行っていくことが必要である。

○　また、学校や地域、企業等の様々な組織のコーディネート機能を持つ人たちをつないでいくことも必要であり、広域的なネットワークにつなげる中間組織も必要である。

○　そのため、行政の役割として、社会教育主事やそれに準ずる者が中心となって、多様な地域団体、企業の退職者組織、経済団体、NPO 等に対し、土曜日の教育活動への協力の呼びかけや、多様な関係者が学び合う研修の機会を設けるなど、コーディネーターの円滑な活動や能力向上に必要な支援策を講じることが求められる。

○　また、多様な主体が教育活動に参画していくに当たり、学校の教職員の負担が増大することなく、開かれた学校づくりが進むよう、教育委員会において、安全管理体制や運営体制を検討するとともに、教育現場における教職員とコーディネーター等との連携の円滑化のため、社会教育部局と学校教育部局の連携、教育委員会と首長部局の連携など、行政内の関係者の連携を図っていくことも重要である。

（３）「土曜日ならでは」の多様なプログラムづくり

①体系的・継続的なプログラムの基本的な考え方

○　土曜日は学校での授業だけでなく、地域や企業の協力を得て、実社会での経験を踏まえた「土曜日ならでは」の生きた学習等のプログラムが行われることが期待される。

○　「土曜日ならでは」のプログラムの検討に当たっては、大人からの視点だけでなく、子供たちを主体者として捉えていく視点が重要であり、土曜日の教育活動は、子供たち自身の意欲や参画を重視し、自ら積極的に「やりたい」と感じる多様性に富んだものとしていくことが重要である。

○　特に、土曜学習ならではの良さを生かし、例えば、失敗を恐れずに挑戦することや、ないものを創り出したり工夫すること、子供同士で学び合い、子供自身で学習を振り返る姿勢を重視していくことなども重要である。

○　これらを踏まえ、学校での学習が実社会とどうつながっているかを体験的に学ぶことができるよう、例えば、総合的な学習の時間で学んだことを継続して、深める機会としたり、在外経験者や外国人の協力を得て、英語だけでなく国際理解につながるプログラムとするなど、学校の教育課程と連動した体系的なプログラムを、コーディネーターが中心となって、教職員と地域や企業等の人材が連携して構築していくことが重要である。

○　また、学びを深めていくためには、その場限りのイベントにとどまることなく、子供たちが継続的に学べるよう、例えば、年間を通じたテーマ設定を行うなど、一定の期間を通じて計画的に学習を進めることが重要である。

○　さらに、オリンピックやパラリンピックなど国際的、全国的な行事から地域の行事なども含め、その時期に合った話題性や時事、社会環境等も考慮し、子供たちの興味関心を引き出す内容を取り上げるなど、柔軟な工夫がなされることが期待される。

○　具体的なプログラムの計画、展開、評価等を行うに当たっては、学校や地域における子供たちの特性や課題などを踏まえ、より効果的なものになるよう、関係機関で十分協議するとともに、取組によって子供や学校、地域等がどう変わったのかなど、効果を把握できるデータを蓄積していくことも重要である。

②実社会につながるプログラムの在り方

○　教育の一つの目的を子供の自立と捉えると、実社会で役立つ経験をたくさんすることが重要であり、地域や社会の中で生きた経験をすることが子供たちの豊かな育ちにつながる。

○　特に、地域等においては、多様な体験プログラムが提供されているが、与えられたプログラムを子供がこなすという受動的なものではなく、子供たちの主体性を引き出し、社会で力を試すような経験や地域課題に大人と協働して取り組む経験をたくさんできるプログラムであることが重要である。

○　例えば、プログラムを子供自らが企画し、運営等を担う経験をするなど、子供が持っている力を発揮する機会を創造することにより、主体性や企画力、創造性等が培われ、「自ら考え、判断し、表現する力」といった、いわゆる「生きる力」が育まれる機会となることが期待される。

○　また、小学校・中学校段階から、地域や企業等で活躍する社会人に出会うことにより、将来の目標を持って学ぶきっかけとなるよう、多くのロールモデルに触れる機会をつくることが重要であり、様々な分野の本物に出会う機会を通じて、本物のすばらしさや仕事の喜びや厳しさなどが感得されることも期待される。

③企業のリソースを生かしたプログラムの在り方

○　企業等においては、学校内や教職員だけでは教えることが難しい、実社会の知識・経験に裏付けられたプログラム、教育課程の単元のねらいと合致したプログラムの提供が期待される。

○　また、ボランティアや CSR としてのプログラムだけでなく、業務にもプラスになるプログラムであることが、企業にとっても、子供たちの本気を引き出す上でも重要である。

○　例えば、企業の取組事例として、その企業の特性を生かし、環境教育、キャリア教育、理科教育のプログラムを開発している例や、経済団体による出張授業では、働くことの意義、学ぶことの大切さ、これからの社会で求められる力、社会の仕組み、国際理解・グローバル化などのテーマを中心に実施している例があるなど、それぞれの企業リソースを生かしたプログラムが展開されている。

○　さらに、出前授業だけでなく、企業が開発した教材を学校やコーディネーター研修等に提供することや、企業財団等によるフォーラム、〇〇全国大賞といった表彰の実施なども効果的であり、子供たちの教育活動への多様な参画の仕方が考えられる。

④学習意欲・習慣の形成につながるプログラム

○　土曜日の教育活動の推進に当たっては、子供たちが学ぶ楽しさや学ぶ意義を感じ、学習意欲の向上や学習習慣の形成が図られるようなプログラムが展開されることが重要である。

○　その一つの方策として、小学校入学段階から、新たな集団生活に順応し、豊かな学習・学校生活を送ることができるよう、就学前の子供を対象として、小学校等を活用して、平仮名の読み書きや読み聞かせ、集団遊びなどのプログラムを、例えば親子参加のもとで実施していくことも考えられる。

○　特に、就学前の段階から、学校等で行う教育活動に親子で参加する経験をすることは、保護者にとっても、他の保護者や子供たちとの触れあいを通して、保護者同士の学び合いが生まれ、地域の大人として育っていくことや、学校への理解につながり、家庭教育支援の観点からも重要である。

○　また、学校での学習の理解が必ずしも十分でない子供たちを対象として、例えば、振り返り学習プログラムを実施し、学ぶ楽しさやわかる喜び、学ぶ意義を感じることや、学習が進んでいる子供たちを対象として、発展的な学習を実施し、創造性や企画力を養うといった、補充的・発展的学習の充実を図ることも考えられる。

⑤「地域ならでは」のプログラムの充実と“全国どこでも学べる”体制づくり

○　都市部と地方部では課題やニーズ、地域資源も多様であり、全国一律でなく、各地域が「地域ならでは」の特性を生かし、自律的に教育活動を進めることが重要である。
地域の「どのような子供たちを育てたいのか」という目標を踏まえ、「ふるさと教育」などの地域の特性を生かしたプログラムや、「学力向上」などを目的としたプログラム、特定のテーマに限定しない多様なプログラムを実施するなど、地域の実情に応じたプログラムを展開することが重要である。

○　ただし、地域間格差によって子供たちの学習機会の格差が生じないよう、ICT の積極的な活用等により、「届けるプログラム」の充実を図るなど、全国どこでも学ぶことのできるコンテンツと支援体制の充実などが求められる。

4．今後の土曜日の教育活動の持続可能な体制づくりに当たって

○　今後の土曜日の教育活動の推進に当たっては、全ての子供たちの土曜日の教育環境が豊かで有意義なものとなるよう、全国各地で、「土曜日ならでは」の生きた学習プログラムが実践されていくことが重要である。

○　また、様々な企業が実施する効果的なプログラムの事例や、「地域ならでは」のプログラムの事例、コーディネートの手法などの先進事例について、全国の多様な関係者が共有することにより、工夫・改善が図られていくことが重要である。

○　そのため、国が、全国のコーディネーターや、教育委員会、学校、企業、NPO、社会教育団体や青少年団体等の多様な関係者に働きかけ、効果的な事例や課題等を学び合う研修やフォーラム等の機会、全国の関係者のネットワーク組織を設けていくことも重要である。

○　また、子供たちの土曜日の教育環境が豊かなものとなるためには、これらの取組が継続的に実施されるための、持続可能な仕組みづくりが必要であり、国や都道府県、市町村が必要な支援策を講じるとともに、行政だけでなく、例えば寄附や基金など、活動資金が多様な主体から継続的に、子供たちの教育活動のために集まるような仕組みを構築していくことも考えられる。

○　あわせて、例えば、官民連携による普及啓発やポータルサイト等による全国の好事例の蓄積・発信、表彰制度の構築等を通じて、学校、家庭、地域、企業、NPO、民間教育事業者、社会教育団体や青少年団体などの多様な主体の連携・協働を一層促進し、人的資源やプログラムなどのコンテンツを充実していくことが必要である。

○　また、土曜日の教育活動の充実のためには、行政内部における首長部局と教育委員会が一層の連携を図り、効率的・効果的な総合的な支援策を講じていくことが必要である。

○　こうして、多様な大人が子供の教育活動へ参画することを通じて、大人も学び会う環境が育まれ、社会総掛かりでの豊かな教育環境の実現が図られることが期待される。

Ⅵ. おわりに　～皆の“あったらいいな”を実現する夢の教育～

これまでまとめてきたとおり、放課後や土曜日は、学校教育との連動性を意識しつつも、学校教育だけでは実現しにくい、実生活や実社会とのつながりを体験的に学ぶ機会として、多様性・柔軟性等を生かした工夫が可能な時間である。

その視点に立ち、学校・家庭・地域の連携・協働による社会総掛かりでの教育の実現に向けた新たな試みについて、皆で話し合い、考える仕組みをつくり、放課後や土曜日の柔軟性の高い教育活動の中で取り入れてみることも一つの方策である。

例えば、改めて、子供たちの主体性を中心に据え、「放課後や土曜日は、“子供たちが学びたいこと”を実現する時間」と位置付け、子供たちの“あったらいいな”の提案を募集し、それを地域の大人とともに実現するプロジェクトを行うことも考えられる。

また、地域レベルで、子供や保護者、市民、教職員、行政関係者等が、共に学びながら「我がまちの教育」について考えるミニ集会等を実施したり、そのまちに古くから伝わる文化や伝統を生かした教育の姿を再現したりすることも興味深い。

各地域においては、こうした様々な試みの成果や課題等を評価・検証し、子供や大人も含め、皆の“あったらいいな”と感じる視点を盛り込んでいくなど、その取組の充実や改善につなげる仕組みをつくり、関係者間の理解を深め、共有していくことが重要である。

国は、こうした各地域の試みを事例として取り上げ、情報の蓄積や発信の役割を担い、全国の取組の活性化を図るとともに、全国的な成果や課題等を分析し、持続可能な仕組みの確立や必要な支援策の検討を行っていくことが望まれる。

そして、こうした放課後や土曜日の教育活動における様々な試みの中から、改めて子供たちにとって必要な学習や学校・家庭・地域の連携・協働の在り方が検討され、将来的に学校教育の在り方にも生かされていく好循環が生まれることを強く期待したい。

参考資料

今後の放課後等の教育支援の在り方に関する
ワーキンググループの設置について

平成２５年9月１７日
生涯学習分科会決定

１．趣旨

今後、第２期教育振興基本計画等を踏まえ、すべての学校区での学校と地域が組織的に連携・協働する体制づくりを進めていくにあたり、今後の土曜日の教育支援体制等の構築や、学校支援地域本部・放課後子供教室の取り組み内容の充実などについて検討を行う必要がある。

そのため、生涯学習分科会の下に、ワーキンググループを設置し、今後のこれらの教育支援体制や活動の在り方について検討を行う。

２．委員

○　ワーキンググループに属すべき委員、臨時委員及び専門委員は、生涯学習分科会長が指名する。

○　ワーキンググループに座長を置き、生涯学習分科会長が指名する。

３．主な検討事項

○　学校支援活動、放課後支援活動、土曜日支援活動の体系的・組織的なプログラムの在り方

○　土曜日支援活動にかかる産業界等との連携や企業人材等の教育ボランティアへの参画の在り方

○　その他、教育支援体制及び活動の在り方の検討に必要な事項

４．設置期間

ワーキンググループは、３の検討事項に関する審議が終了したときに廃止する。

５．その他

○　ワーキンググループにおいて検討結果をとりまとめたときは、生涯学習分科会に報告するものとする。

○　生涯学習分科会からの求めがあった時は、ワーキンググループの検討の経過を生涯学習分科会に報告するものとする。また、ワーキンググループは必要に応じ、その検討の経過を生涯学習分科会に報告することができる。

- 33 -

中央教育審議会生涯学習分科会
今後放課後等の教育支援の在り方に関するワーキンググループ
委員名簿

【座長】

明石　要一　　千葉敬愛短期大学学長、千葉市教育委員会委員　　千葉大学名誉教授

【座長代理】

井出　隆安　　杉並区教育委員会教育長

【委員】

安藤　大作　　公益社団法人全国学習塾協会会長
生重　幸恵　　特定非営利活動法人スクール・アドバイス・ネットワーク理事
　　　　　　　一般社団法人キャリア教育コーディネーターネットワーク協議会代表理事
池本　美香　　株式会社日本総合研究所主任研究員
井上　克也　　三井住友銀行不動産法人営業部
　　　　　　　（前　公益社団法人経済同友会政策調査第一部マネージャー）
小川　理子　　パナソニック㈱　理事　CSR・社会文化グループマネージャー
尾上　浩一　　公益社団法人日本PTA全国協議会会長
金藤　ふゆ子　文教大学人間科学部教授
川島　高之　　特定非営利活動法人コヂカラ・ニッポン代表
小正　和彦　　横浜市立幸ヶ谷小学校校長
杉本　正博　　名古屋市子ども青少年局総務課総務課長
瀬谷　真理子　福島県立須賀川高等学校校長（前福島県教育庁社会教育課長）
竹原　和泉　　横浜市立東山田中学校コミュニティハウス館長
　　　　　　　特定非営利活動法人まちと学校のみらい代表
谷　　理恵子　東京都教育庁総務部予算担当課長
玉置　崇　　　小牧市立小牧中学校校長
平岩　国泰　　特定非営利活動法人放課後NPOアフタースクール代表理事
松田　義秀　　奈良市教育委員会事務局学校教育部地域教育課長
吉原　健　　　社会福祉法人東京聖労院参与

以上19名

（５０音順）平成26年6月現在

- 34 -

（資料は原文のまま掲載しています）

中央教育審議会生涯学習分科会
今後放課後等の教育支援の在り方に関するワーキンググループ　審議経過

【全9回】

第１回　【日時】平成25年11月27日（水）15:00～17:00
【内容】○今後の放課後等の教育支援の在り方に関するワーキンググループの設置について
○放課後及び土曜日等の教育支援について

第２回　【日時】平成25年12月12日（木）10:30～12:30
【内容】○委員からの事例紹介
・小正委員（横浜市立幸ヶ谷小学校校長）
・平岩委員（特定非営利活動法人放課後NPOアフタースクール代表理事）
・杉本委員（名古屋市子ども青少年局青少年家庭部放課後事業推進室長）
・池本委員（株式会社日本総合研究所主任研究員）
○放課後等の教育支援について

第３回　【日時】平成25年12月26日（木）11:00～13:00
【内容】○委員からの事例紹介
・川島委員（特定非営利活動法人コヂカラ・ニッポン代表理事）
・谷委員　（東京都教育庁地域教育支援部生涯学習課長）
・安藤委員（公益社団法人全国学習塾協会会長）
・小川委員（パナソニック㈱　理事　CSR・社会文化グループマネージャー）
○実社会で役立つ力の育成に向けた土曜日の教育支援体制の在り方について

第４回　【日時】平成26年1月17日（金）10:30～12:30
【内容】○委員からの事例紹介
・竹原委員（横浜市立東山田中学校コミュニティハウス館長・特定非営利活動法人まちと学校のみらい代表理事）
・井上委員（公益社団法人経済同友会政策調査第１部マネージャー）
・金藤委員（文教大学人間科学部教授）
・松田委員（奈良市学校教育部地域教育課長）
○教育支援活動の充実のための持続可能な仕組みの在り方及び地域の主体的な取組の活性化について

- 35 -

（資料は原文のまま掲載しています）

第５回　【日時】平成26年1月31日（金）15:00 ～17:00

【内容】○委員からの事例紹介

・生重委員（特定非営利活動法人スクール・アドバイス・ネットワーク理事・

一般社団法人キャリア教育コーディネーターネットワーク協議会代表理事）

○今後の放課後等の教育支援の在り方に関するＷＧ　これまでの議論の整理

第６回　【日時】平成26年2月24日（月）10:00 ～12:00

【内容】○今後の放課後等の教育支援の在り方に関するＷＧ取りまとめ骨子（案）について

第７回　【日時】平成26年3月12日（水）10:00 ～12:00

【内容】○今後の放課後等の教育支援の在り方に関するＷＧ　中間取りまとめに向けて

【中間取りまとめ】　～土曜日の豊かな教育環境の実現に向けて～

3月17日（月）中央教育審議会生涯学習分科会に報告

3月28日（金）中央教育審議会総会に報告

第８回　【日時】平成26年4月25日（金）16:30～18:30

【内容】○今後の放課後等の教育支援の在り方に関する WG　取りまとめに向けて

第９回　【日時】平成26年6月6日（金）14:00 ～16:00

【内容】○今後の放課後等の教育支援の在り方に関する WG　取りまとめに向けて

- 36 -

○文部科学省「土曜日の教育活動推進プロジェクト」

文部科学省では、子供たちの土曜日の豊かな教育環境の実現に向けて、地域や企業の協力を得て「土曜日の教育活動推進プロジェクト」を進めています。

本シンポジウムは、文部科学省と協力し、「土曜日の教育活動推進プロジェクト」の一環として開催したものです。今回のシンポジウムの趣旨に御賛同いただいた企業・団体等からも御協力いただき、土曜日の教育活動等に資する様々な取組のパネル展示も実施しました。

平成26年度 教育研究公開シンポジウム
「土曜日の教育活動とボランティア」

平成27(2015)年　3月31日　第一刷発行

編　集　国立教育政策研究所社会教育実践研究センター
〒110-0007　東京都台東区上野公園12-43
発行人　佐藤裕介
編集人　遠藤由子
編集アシスタント　山口瑠宇
発行所　株式会社　悠光堂
〒104-0045　東京都中央区築地6-4-5　シティスクエア築地1103
表紙デザイン　有限会社ウイングサイン
印　刷　日本ハイコム株式会社

ISBN978-4-906873-35-7　C3037